中重度智障儿童
课间育人活动课程设计

申承林◎主编　刘淑芬◎副主编

吉林大学出版社

长春

图书在版编目（CIP）数据

中重度智障儿童课间育人活动课程设计 / 申承林主编 . -- 长春：吉林大学出版社，2021.7
ISBN 978-7-5692-8686-1

Ⅰ．①中… Ⅱ．①申… Ⅲ．①弱智儿童—儿童教育—活动课程—课程设计 Ⅳ．① G764

中国版本图书馆 CIP 数据核字（2021）第 169948 号

书　　名：中重度智障儿童课间育人活动课程设计
　　　　　ZHONG-ZHONGDU ZHIZHANG ERTONG KEJIAN YUREN HUODONG
　　　　　KECHENG SHEJI
作　　者：申承林 主编
策划编辑：卢　婵
责任编辑：陶　冉
责任校对：柳　燕
装帧设计：黄　灿
出版发行：吉林大学出版社
社　　址：长春市人民大街 4059 号
邮政编码：130021
发行电话：0431-89580028/29/21
网　　址：http：//www.jlup.com.cn
电子邮箱：jdcbs@jlu.edu.cn
印　　刷：武汉鑫佳捷印务有限公司
开　　本：787mm×1092mm　　1/16
印　　张：20.75
字　　数：220 千字
版　　次：2021 年 7 月　第 1 版
印　　次：2021 年 7 月　第 1 次
书　　号：ISBN 978-7-5692-8686-1
定　　价：158.00 元

《中重度智障儿童课间育人活动课程设计》

编委会

前　言

　　一直以来，我们坚持将理论和实践结合起来解决教育中遇到的各种问题，对课间育人的探索就是理论与实践结合的一次系统尝试。在研究中，我们从王志超教授提出的人性化教育理念出发，根据梁敏仪校长的指导，以生活育人项目的研究为启示，学习借鉴发展心理学和社会心理学的基础理论，不断思考"课间"本身具有的特殊性，并将其置身于特殊学校的实际情境中，逐步形成了"课间育人"的一些基本认识。我们越来越感受到，对于特殊学生尤其是智力障碍和自闭症的学生而言，课间的时间和空间不仅具有非常重要的教育训练价值，而且还是他们进入社会前的"见习"基地。对这一教育情境的充分挖掘不仅可以有效提升育人效益，防止和减少安全事故的发生，还可以重构课间秩序，减轻老师们的"看管"压力，让课间变得生动活泼起来。课间育人的实践效果正在顺德启智学校不断显现出来，这让我们倍受鼓舞，但我们知道课间育人的研究还只是开始，还有很多问题需要系统回答。未来，我们将继续深入研究智力障碍儿童的发展特点和学习规律，构建更加系统，更加个性化的课间育人课程，让特殊教育学校的"课间"不仅成为帮助孩子们健康成长的快乐时空，还能成为老师们喜闻乐见的教育宝藏。

本项目的研究得到了学校领导和老师们的大力支持。王志超教授提出的人性化教育理论为项目研究提供了理论支撑，人性化课程也为课间育人校本课程目标体系的构建提供了参考。梁敏仪校长对项目研究的指导让项目组在起步的时候就确立了正确的研究方向，确保了在理论建构和课程框架的搭建方面能够准确把握特殊学生和特殊学校环境的特殊性，为课间育人活动的设计打下了可靠的基础。项目组老师们勤于实践，善于总结，立足自身岗位，按课间育人课程的目标体系和课程结构编写了这本教学活动设计。申承林统筹项目研究，负责课间育人理论建构，执笔完成了课间育人课程纲要，参与了目标体系的设计，指导教学活动设计并完成了全书的统稿。刘淑芬参与了课间育人课程理论建构和目标体系的设计，组织了课间育人活动的设计和编写工作，具体完成了课间操、上下楼梯、兴趣活动等活动设计；赵静参与了课间育人活动理论建构和目标体系的设计，从管理层面推进课间学生活动的开展，具体完成了玩玩具、换购活动等活动设计。熊高峰和王海凤参与课间育人活动课程目标体系的构建，开展级组或班级的课间活动，形成经验总结，熊高峰具体完成了喝水、清洁活动、学生与邻里班级互动等活动设计，王海凤具体完成了如厕、规整物品、体能训练等活动设计。本书稿在正式定稿前进行了多次修改，具体工作主要由刘淑芬、熊高峰、王海凤、申承林完成。这份活动设计不仅凝结了专家和学校领导的心血与智慧，也吸收和体现了顺德启智学校老师们长期以来教育研究和课程建设的成果，在此，一并向专家、领导、项目组成员和顺德启智学校的同事们表示由衷的感谢！

由于编者的精力和水平有限，书中难免存在不足之处，恳请各位读者批评指正。

申承林

2021 年 9 月

目 录

第二部分　课间 40 分钟

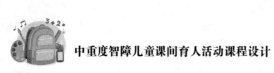

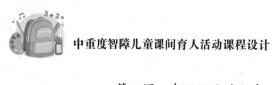

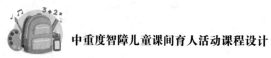

绪　论

　　顺德启智学校是一所以智力障碍和自闭症为主要教育对象的特殊教育学校，建校 20 多年来，学校一直致力于为特殊学生提供适合的教育。经过近 20 年的教育探索，在华南师范大学王志超教授的引领下，构建了一套适合中重度智障儿童的校本课程——人性化课程。人性化课程以培养学生成为在社会中有尊严活着的人为目标，将广义教育内容狭义教育化，将日常生活中没能完成的教育内容、要求移到课堂上，使用一些专门的方法逐步完成特殊儿童的社会化，使之能进入社会。基于核心教育理念，经过多年的实践，顺德启智学校开发了生活育人课程和家庭教育训练课程，有效拓展了学生在学校生活区和家庭环境的学习空间，提升了教育效益。在顺德启智学校，一切与生活相关的时间和场景都被当作宝贵的教育资源。为了构建系统立体的课程体系，充分挖掘学校情境中蕴藏的教育资源，2010 年起，顺德启智学校便开始尝试课间育人课程体系的构建，经过近 10 年的探索，确立了课间育人的基本理念，形成了课间育人的目标体系，并完成了课间育人教学活动设计。本书便是课间育人研究的成果之一，是校本课程体系的延伸和完善。

一、课上与课间的关系

为了达成智障教育的目标，学校对课堂教学进行专门设计，有计划、有组织地开展教育。课堂上老师是主导，对所有要学习的内容及进度都做了规划和安排，学生的学习须按进度进行，这样的安排可以确保课程目标的达成。

广义教育的内容通常是通过日常生活来完成的，课间的活动是一种半自然的活动，具有广义教育的特点，对于完成广义教育的任务而言是一种存在于学校内的天然资源，学生在课堂上进行严谨的学科学习，课间的时候却以一种与老师相对平等的状态来参与各种活动。课间活动比较自然、灵活，参与这些活动时，学生既被安排但又有其自主性，既不会被完全控制起来，也不会完全放任。课间时学生就会回归到班级里，以班级成员的身份参与班级活动，或以班级为单位参与的学校活动。

课上与课间既有密切的联系，又有明显的区别。两者在培养的目标上是一致的。课上通过固定的班级和严格的课程安排帮助学生全面发展，建立基本素养。课间则通过多种形式的活动，帮助学生建立起归属的意识，并能学会参与各种活动，与人交往，为进入社区生活做好准备。本书所论及的"课间育人"工作是指课堂教学和生活区生活的范围之外，对学生进行多种多样教育活动和教育工作，包括课间生活规范的训练、班级、学校组织的各种课外活动，学校的团队活动以及学校教育密切配合的校外活动。

二、课间育人的特点

1.活动具有半自然性

人类的社会化就是要在与环境、人的交互中发展，自然的活动本身与社会生活比较接近，在自然活动中学习养成的行为，很容易迁移到社会中。课间活动相对课堂上是比较自然，而且活动相对稳定，在一个时期来看，对学生而言又是比较固定、自然的。

2. 活动具有综合性

课堂上的学习是按学科进行的，课下的活动则是以活动为中心进行的。他能为学生提供同时运用多学科知识，多方面能力的机会。

3. 活动具有开放性

与课堂教学相比，课下活动不受课堂教学计划和学校围墙的限制，凡是符合教育要求、有利于学生的身心发展的活动，都可以创造条件组织开展。活动的内容和形式也更接近现实，富有新鲜的气息（王道俊，王汉澜，1999）。考核方式也与课上不同，往往采用汇报表演，娱乐竞赛、成果展示、运动会等形式进行。

4. 活动具有社会性

在课间设计的活动大部分都是集体参与，这与社会性活动又比较相似，类似于家庭成员参与社会生活一样。每个集体活动就是一个群体的活动，在这些活动中，学生仍然具有参与的特点，参与学校这些活动的体验将来可以自然地迁移到社会活动。对于智障学生或自闭症学生而言，所有的课间活动中，学生都是以集体一员的身份参与活动的，无论是在班级中的生理节律活动，还是以班级为单位参加各种学校的活动都是以班级一员的身份参与的，班集体对学生的影响无时不在。学生发展的过程也就是不断与班级建立归属关系，不断把握自己与班集体中的物理环境和人际环境的关系。

中重度智障学生由于生理障碍，无法将自身与环境、他人区分开来，具有较大的依赖性，行为具有随心所欲的特点。所以，如何让学生的行为在课间环境中得到塑造，如何让学生在与环境和人的交互中学会把握关系，建立自我应该是最重要的任务。

三、课间育人的内涵

在以智力障碍和自闭症为主要教育对象的特殊教育学校，班集体是学生参与社会生活的准备，在集体中他们参与着"社会"，体验着各种社会关系，学生在反复的体验中逐渐认识在班集体和学校环境中属于自己的物品，逐渐认识到自己和班集体、级组、学校的归属关系，并在这个过程中学习如何参与社会活动。智障儿童和自闭症儿童自我意识水平低下，不能分辨其参与的集体生活与将来生活的关系，所以，需要进行专门的设计，对智障儿童和自闭症儿童应该养成的行为习惯进行梳理，并将这些习惯与半自然的活动结合起来，从形式上我们可以看到学生每天"生活"在"活动"中，这些活动就是他们的自然生活，但在实质上，每个活动都被赋予教育的目的和意义。

四、课间育人目标

（一）总目标

学会与人交往，能进入社区生活。

（二）总目标解析

能遵守活动规则，形成良好的行为习惯，能与人互动交往，参与社区活动。

（三）总目标确立的依据

1.学会交往是智力障碍和自闭症教育目标的内在要求

个体进入社会，并能在社会中生活，必须要能参与社会活动，必须学会分辨人与环境，人与人之间的关系，能服从社会的规范，愿意与人交往，能与人交往。因此，要帮助智障儿童和自闭症儿童进入社会，融入社会，就必须要教会他们学会交往。

2.课间活动的特点适合发展智力障碍和自闭症儿童的交往能力

课下活动是实施教育的宝贵资源，是一种半自然的活动状态，就像一个小社会，学生在这个社会中有自己归属的组织（班级），也有各种社会活动（学校的各种活动，如升旗仪式，做操），也有各种可以自主选择的活动（如看电影，兴趣活动，联谊活动）。在这些活动中学生可以学习与不同的人建立友好关系，可以根据需要参与自己喜欢的活动，是个体参与社会生活的一个缩影。课间活动的这些特点和它得天独厚的条件最适合发展学生的交往能力。

3.学会交往是智力障碍和自闭症学生发展的核心内容

根据社会心理学的理论，人际交往是一种人类的基本机能，是一种本质性的存在形式。社会在人际交往中发展，个人在人际交往中成长，团体也通过人际交往而形成，并通过人际交往来影响个体的行为。从另一个角度说，人际交往是个体社会化的基础。从某种程度上说，社会化过程就是个体在不断交往中完成的。个体社会化既是个体的需要，也是社会对个体提出的要求，而把这二者有效结合起来，就必须借助于人际交往和人际关系（申荷永，1999）。

五、课下育人的分层目标

（一）分目标确立的思路

1.基于自我意识建立和发展的思考。总目标中的交往能力的建立，实质上就是个体自我建立和不断分辨自我与周围环境和人的关系的过程。要达到最终能与人交往，并进入社区生活，在目标的推进上必须要以"我"的发展水平为前提，"我"的发展过程为路径。根据社会心理学的有关理论，"自我"的建立可以分三个阶段：自我意识萌芽；自我意识建立；自我意识丰富。自我意识的萌芽阶段，个体还不能将自己与环境和他人区分出来，需要外部的引导，帮助，逐步分离出自我。自我意识的建立阶段，个体已经知道自己是谁，并能在所处的家庭，班级等小集体中分辨自己和别人的关系，并能根据集体赋予的角色来行事。自我意识的丰富阶段，个体不仅能按集体赋予的角色来行事，还能主动建设集体。

2.基于个体社会化的理论。根据社会心理学的理论，个体在发展的不同时期精力不同的社会化，主要有五种：早期社会化、预期社会化、发展社会化、反向社会化、再社会化（李幼穗，2004）。早期社会化是生命早期所经历的基本社会化，主要使儿童将社会规范与价值标准内化，与周围人进行交往，建立感情联系。预期社会化阶段将引导个体学习今后要扮演的角色。发展社会化阶段将在早期社会化的基础上，个体将接受新的期待，扮演新的角色，承担新的任务。反社会化与再社会化是社会化发展的高级阶段。由于智力障碍儿童和自闭症儿童自身条件的限制，他们社会化的发展主要在前三个阶段。早期社会化阶段对应到智障儿童发展就是要建立基本规范，建立起个体与集体之间的关系。预期社会化阶段就是要学习扮演角色，承担任务；发展社会化阶段就是更丰富的社会化过程，不仅要对角色有承担还要主动参与集体建设。

3.基于学生学习特点的思考。中重度智障儿童是以动作思维为主，所以其学习必须是具有可操作性的，通过手动来激发脑动，再由脑动去指挥手动，所以，在设计分层目标的时候，我们要设计具体的任务，让学生在操作中感受，体验。

4.基于课间活动特点的思考。课间活动有两个基本特点，一是半自然活动，二是学生以个体角色参与活动。根据这两个特点，我们在分层目标的设计里要按照学生参与活动的范围来递进。

（二）分层目标及解析

第一阶段：跟随集体。

建立对班级的归属意识，将自我从班集体中分化出来，参与班级里基本的活动，为与人交往打下基础。

目标解析：这个阶段的学生，刚刚进入学校开始接受教育，或已经过一定时间的课程训练，但自我意识发展水平低，未能建立对班集体的归属意识。训练的任务就是通过设立班级标识，通过环境设计和对基本活动的规划，引导学生能按照集体的环境和活动安排做出行动，在被动的活动中逐渐建立起对班集体的归属感。

第二阶段：承担角色。

能自主参与班级的活动，并能根据集体赋予的角色来完成任务，可以和校内老师和同学互动。

目标解析：经过第一阶段训练，学生已经开始找到了对班级的归属，可以在自己的班里比较随意自如地活动，也能跟随班级参与学校的集体活动。这个阶段的学生开始将自己和班级中的其他同学区分开来，在与人互动的时候，不是被动听从要求，而是可以依据规则，分辨权威和同伴，并采取相应的行为与人互动。这个阶段的训练任务就是要设计各种活动任务，在任务中赋予每个学生不同的角色，通过角色承担，不断丰富对自我的认识，也在活动中不断把握与身边的各种人物的关系。

第三阶段：主动参与。

能意识到自己是集体的一分子，已建立"我的班级""我的学校"的概念，不仅能主动参与集体的活动，还能主动参与集体的建设。

目标解析：这个阶段的学生不仅知道自己属于哪个集体，也知道自己在班集体和学校中的位置，甚至知道自己在社会中的位置。学生也开始理解自己的责任，能在班级生活中担负责任，并主动行动。这个阶段要给学生制订生存的任务，让学生通过自己的劳动来参与学校生活，通过服务低年级学生，参与学校设定的工作来获得生活的"报酬"，在这个过程中学会判断环境，愿意参与社区生活，能参与社区生活。

六、课间育人教学活动设计的维度

基于课间教育的特点和目标，课间育人活动设计从以下五个维度来构建。

维度1：依据于自我的发展水平，教学内容划分为跟随集体、承担角色和主动参与三个层次。

维度2：依据课下活动的时间的长短，把课程分为10分钟小课间课程、40分钟大课间课程和80分钟课外活动课程三类。

维度3：依据互动中所体现的学生个体和集体的关系的不同，课程内容分为个体生活节律的完成、集体规范和个体交往需求三类。

维度4：依据国家明确的育人主题，包括各类节日，各种主题教育和各种仪式进行的集体性教育活动。

维度5：依据是学生的年龄和能力水平，课程分为低年级、中年级和高年级三个层次。

综合以上五个维度，我们将课间育人课程做如下具体的划分。

第一类：10分钟小课间，完成个体生活节律活动，具体为喝水、如厕；在集体规范方面为归巢、物品归位以及简单清洁；在个体交往方面是班级内同伴的交往活动，可做简单游戏。

第二类：40分钟大课间，完成个体体能训练活动，具体为品操（学校自编课间操）、形体训练；在集体规范方面是上下楼梯、集队到达指定位置与排队；在个体交往方面也是班级内同伴交往活动，可做略复杂的游戏。

第三类：80分钟课外活动，完成个体体能训练活动、专项能力发展活动；在集体规范方面是教室卫生清洁等劳动项目；在个体交往方面可进行班级间的交往活动，以级组（年级）为单位开展游戏或比赛活动，以学校为单位开展的看电影活动、对外交往活动。

第四类：升旗仪式，除了完成爱国主义等专题教育，还要按主题开展国旗下讲话，将这个活动单列主要是其具有特殊性，在专门的时间完成德育活动，重点就是各主题教育活动的启动，并提出班晨会承接的任务。

个体节律活动归巢、物品归位	个体节律活动、物品归位、清洁	个体节律活动、物品归位、清洁
清洁	伙伴间简单游戏	伙伴间多角色游戏
低年级	中年级	高年级

图 0-1　10 分钟课间活动系统图

上下楼梯、站位	上下楼梯、站队、做品操	上下楼梯、站队、做品操、形体训练
品操	形体训练伙伴间简单游戏	伙伴间多角色游戏
低年级	中年级	高年级

图 0-2　40 分钟课间活动系统图

七、课间育人途径

（一）个人活动

指个体认识自己角色，在环境要求，老师指导下自行完成的活动，如节律活动、个人物品整理、自我清洁、独自游戏等。

跟随集体阶段：归巢活动、物品整理、节律活动。

角色承担阶段：值日生活动、兴趣活动。

自主参与阶段：公职活动。

（二）集体活动

指个体以集体一员的身份参与各种集体活动，如班级活动，级组活动，学校大课间活动。在这些活动中都是以班级一员的身份参与的。

跟随集体阶段：班级游戏、学校社区活动。

角色承担阶段：文体小组活动、小组联谊活动。

自主参与阶段：比赛活动、公益活动、参观活动。

（三）公共活动

指校园内社区公共活动，这些活动具有一定的强制性，是规定的必须参加的，学生以班级角色的身份还是个体的身份都要参与的。

主要有两类活动：

集会活动，如升旗仪式、开学典礼、课间操。

展示活动，如期末展示、风采展示。

八、课间育人实施的原则

（一）迁移性原则：活动的情景设计尽可能接近真实生活，学生学习不需要认知上转换（理性的分析）就可以变成日后参与社会生活的行为。

（二）集体性原则：课间教育活动无论是个别活动还是集体活动都要尽可能在集体的环境下开展。

（三）参与性原则：交往能力和交往习惯是在与人的互动中建立和发展的，在课间活动中必须要不断地让学生以个人的身份参与各种活动，在参与中增加体验，把握关系。

（四）感受性原则：老师要侧重对学生的情绪诱发，使学生产生感受，从而形成对交往活动的体验。

九、课间育人效果评价

课间育人有了目标，就要对目标达成的情况进行评价和反馈。课间活动主要任务是发展学生的交往能力，交往能力必须要在活动中才能体现出来，所以，评价的来源必须要来自生活或活动中的表现。具体可以通过以下方式来实施。

（一）家长反馈：学校定期发放家长调查问卷，就学生交往能力方面的表现打分，并对家长问卷进行统计分析，了解学生交往能力的发展变化以及存在的问题，不断改进课间育人活动设计。

（二）活动展示：设计六一风采展示、期末家长汇报、对外联谊活动，社会实践活动，请家长、社会人士参加，在活动中展示教育训练效果。

（三）专项评估：针对学生某个能力设计专门情景，进行专项测评，如设计放学情景，测评学生对自己的物品的归位意识。设计来访活动，测评学生与人打招呼，沟通的能力；设计需要合作完成的任务，测评学生与人合作的能力等。

（四）竞赛活动：将学生训练的成果通过专项比赛，如运动会等方式进行测评。

以上是项目组关于课间育人的一些思考和认识。

第一部分　课间 10 分钟

第一章　喝水

低重年级

[目标说明]

喝水活动是我校课间 10 分钟的一项教育活动。课间 10 分钟，学生要完成个人生活自理方面的活动：如喝水、上厕所。喝水活动，根据学生的年龄以及智力程度，分为低重、中、高三个阶段，每个阶段的训练重点不同。

低重年级的喝水活动，主要训练学生的喝水习惯与规范。由于入校不久，低重年级学生的服从性以及规范意识还未建立起来，所以在平时训练过程中，老师要通过语言提示，多次给予他们各种规范的强化训练。喝水过程中，老师要训练学生的表达、用自己的杯子喝水、喝完水将杯子放回原处，建立学生的基本范性。

第 1 课　能表达"我要喝水"

[活动目标]

1. 在老师的引导下，没有言语表达能力的学生能用动作或手势向老师表达："我要喝水。"

2.在老师的引导下，学生能表达"我要喝水"。

［指导语］

1.××同学，口渴吗？

2.口渴了，要干什么？

3.口渴了要说："老师，我要喝水。"

4.口渴了懂得喝水。

［活动准备］

1.场地：教室，开水房。

2.教具：水杯，公用水壶。

3.强化物：零食，代币。

［活动过程与步骤］

活动环节一：引导学生表达"老师，我要喝水。"

1.下课了，老师组织学生在学生放置水杯的地方排队。

2.老师自己拿着水杯，故意在学生面前说："口渴了，我要喝水。"吸引学生的注意力。

3.如果有学生能立即模仿老师，向老师表达"老师，我要喝水。"老师立即口头表扬学生"××同学，你能对老师说我要喝水，表扬你！"然后老师允许学生拿到自己水杯。

4.如果学生不懂得模仿老师或同学，老师要采用引导的方式，问他"口渴吗？""口渴了，要干什么？"引导学生表达出"我渴了""我要喝水"。学生在老师的引导下表达出"我要喝水"后，老师立即口头表扬学生"××同学，你能表达我要喝水，真棒！"然后允许学生拿到自己的水杯。

5. 对于不能用语言表达的学生，老师要教会学生用动作表达，如用手指水杯。

活动环节二：老师带领学生去开水房装水喝

1. 在老师的示范和提示下，学生都表达出"老师我要喝水"并拿到自己的水杯。

2. 老师组织学生到开水房装水。

3. 老师站在水龙头旁，再次提问学生："你要干什么？"引导学生表达："老师，我要喝水。"学生表达后，老师允许学生打开水龙头接水喝。

活动环节三：老师检查学生喝完水后的规范

1. 待学生喝完水后，老师检查学生的水杯，要求学生能喝干净自己杯子里的水，并要求学生将杯子放回原位。

2. 对于能按要求喝完自己杯子里的水并放好自己水杯的学生，老师进行零食或代币奖励。

［活动建议］

1. 低重年级的学生，由于喝水规范未形成，老师要制订好班级的喝水规范。

2. 对于喝水规范仍未建立的学生，老师要利用课间 10 分钟的时间增加训练次数。

3. 低重年级学生由于还未理解一级强化物与代币的关系，还不能做到对代币的索要、保管和兑换，对能听从老师的要求完成活动的学生，老师要及时给予零食奖励，视学生能力再用代币奖励。

[活动评估]

学生姓名：	能否按目标做到。 说明：1.能主动做到记"2"；2.提示下能做到记"1"；3.不能做到记"0"
目　标	掌握情况
1. 在老师的引导下，没有言语表达能力的学生能用动作或手势来表达"我要喝水"	
2. 在老师的引导下，学生能表达"我要喝水"	

第 2 课　能拿自己的杯子喝水

[活动目标]

学生喝水前，能懂得去水杯放置区拿取写有自己名字或贴有自己相片的杯子。

[指导语]

1. × × 同学，拿自己的杯子。

2. 表扬 × × 同学，懂得拿自己的杯子喝水。

3. 喝水要拿自己的杯子。

[活动准备]

1. 场地：教室，开水房。

2. 教具：贴有学生的姓名或照片的水杯。

3. 强化物：零食，代币。

[活动过程与步骤]

活动环节一：学生拿杯子喝水

1. 下课了，老师提示学生："拿杯子喝水。"

2. 老师组织学生在学生放置的水杯处排队。

3. 老师观察学生拿水杯的行为，看看有哪些学生懂得拿自己的水杯，有哪些学生随意拿水杯。

4. 对于能主动拿自己的水杯的学生，老师奖励其代币。

5. 对于随意拿取水杯的学生，老师引导学生观察水杯上自己的名字或照片，再拿自己的杯子。

6. 重点引导不会自己拿水杯的学生，多次重复让学生练习拿到自己的水杯。

7. 学生拿到自己的水杯后，老师带领学生去水房装水喝。

活动环节二：学生将水杯放回原位

1. 学生喝完水后，老师提示学生："将水杯放回原位。"

2. 老师观察学生，是否懂得将水杯放回原位。对于能将水杯放回原位的学生，给予代币奖励，对于随意放水杯的学生，老师要进行指导。

[活动建议]

低重年级的学生，对于认识自己的名字有些困难，建议老师在教学的时候，将学生的照片和姓名对应，加强学生认识自己的名字。

[活动评估]

学生姓名：	能否按目标做到。 说明：1. 能主动做到记"2"；2. 提示下能做到记"1"；3. 不能做到记"0"
目　标	掌握情况
1. 喝水前，学生懂得拿自己的杯子喝水	
2. 学生喝完水，能将自己的水杯放回原位	

第 3 课　能装适量的水

[活动目标]

1. 学生喝水的时候，能按要求装适量的水。

2. 学生喝水的时候，能按杯子上的刻度线装水。

[指导语]

1. 装半杯水。

2. 水不能超过这条线。

3. 水装得太满了，不对。

[活动准备]

1. 场地：教室，开水房。

2. 教具：学生水杯，学生的水杯处贴上一个刻度线。

3. 强化物：零食，代币。

[活动过程与步骤]

活动环节一：学生拿着水杯自己装水

1. 下课了，老师提示学生："拿杯子喝水。"

2. 老师组织学生排队去水房装水。

3. 老师观察学生装水的过程，对于能将水装满在刻度线以下的学生，老师立即奖励其代币；对于不能这样做的学生，老师指导。

4. 重点重复指导不会将水装到刻度线的学生。

活动环节二：学生将水杯放回原位

1. 学生喝完水后，老师提示学生："将水杯放回原位。"

2. 老师观察学生，是否能将水杯放回原位。对于能将水杯放回原位的学生，老师代币奖励，对于随意放水杯的学生，老师给予指导。

［活动建议］

1. 低重年级的学生，由于喝水规范在逐渐建立中，所以喝水的时候，对装多少水要严格控制，防止学生想装多少装多少，喝不完就倒掉，养成浪费水的不良习惯。

2. 学生的水杯处最好画上刻度线，以便有些能力差的学生能对照着刻度线装水。

［活动评估］

学生姓名：	能否按目标做到。 说明：1. 能主动做到记"2"；2. 提示下能做到记"1"；3. 不能做到记"0"
目　　标	掌握情况
1. 学生装水的时候，能装适量的水	
2. 学生装水的时候，水杯的水能不超过刻度线	

第4课　能喝完杯子里的水

［活动目标］

1. 学生喝水的时候能装适量的水。

2. 学生喝水的时候，能将水杯里的水喝完。

［指导语］

1. 装半杯水。

2. 喝完杯子里的水。

3. 表扬 ×× 同学，能喝完自己杯子里的水。

［活动准备］

1. 场地：教室，开水房。

2. 教具：学生水杯，学生的水杯处贴上一个刻度线。

3. 强化物：零食，代币。

［活动过程与步骤］

活动环节一：装水比赛

1. 下课了，老师提示学生："拿杯子喝水。"

2. 老师组织学生排队去水房准备装水，老师提议学生玩装水比赛。

3. 老师提示学生，水不能装得太满，装的水不能超过刻度线。

4. 学生开始装水，老师评比，哪个学生装的水最令老师满意。对于能按要求装水的学生，老师给予奖励。

活动环节二：喝水比赛

1. 学生装完水后，老师带领学生到教室的座位上，将装有水的水杯放在桌子上。

2. 老师提议，我们玩一个喝水比赛的游戏，比赛的规则是：看谁可以将自己的杯子里的水喝完。

3. 老师叫两个拿着自己的水杯的学生上台比赛，看谁最先喝完自己水杯里的水。对于能将自己水杯里的水喝完的学生，老师给予奖励。

4. 学生喝完水后，老师提示学生将水杯放回原位。

［活动建议］

本活动，可以采用比赛的形式，增加趣味性，让低重年级的学生能更有兴趣参与喝水，并在游戏中学会规则。

［活动评估］

学生姓名：	能否按目标做到。 说明：1. 能主动做到记"2"；2. 提示下能做到记"1"；3. 不能做到记"0"
目 标	掌握情况
1.学生喝水的时候，能将自己水杯里的水喝干净	
2.学生喝水的时候，能不湿衣服	

第5课 喝水时能拿稳杯子，不弄湿自己的衣服

［活动目标］

1.学生喝水的时候能一口一口地喝水。

2.学生喝水的时候，能做到不把水洒出来弄湿自己的衣服。

［指导语］

1.一口一口地喝。

2.不要洒水出来了。

3.××同学真棒，一点水都没有洒出来。

［活动准备］

1.场地：教室，开水房。

2.教具：学生水杯。

3.强化物：零食，代币。

[活动过程与步骤]

活动环节一：学生拿杯子装水

1. 下课了，老师提示学生："拿杯子喝水。"
2. 老师组织学生排队去水房装适量的水。

活动环节二：喝水比赛

1. 学生装完水后，老师带领学生到教室的座位上，将装有水的水杯放在桌子上。

2. 老师提议，我们玩一个喝水比赛的游戏，比赛的规则是：看谁喝水的时候能一口一口地喝，能做到不把水洒出来。

3. 老师叫两个拿着自己的水杯的学生上台比赛，老师带领台下的同学一起慢慢数数，要求台上的学生一口一口喝水。

4. 学生喝完水后，老师引导台下的学生进行判断："看谁的衣服上没有洒到水。"对于没有将水洒出来的学生，老师立即给予代币奖励，对喝水将水洒出来的学生，老师要对其进行更多的训练。

[活动建议]

本活动，可以采用比赛的形式，增加趣味性与互动性，让低重年级的学生能更有兴趣地参与喝水，并在游戏中学会规则。

[活动评估]

学生姓名：	能否按目标做到。说明：1.能主动做到记"2"；2.提示下能做到记"1"；3.不能做到记"0"
目　标	掌握情况
1. 学生喝水的时候，能将自己水杯里的水喝干净	
2. 学生喝水的时候，能不湿衣服	

第6课　喝水时得到帮助，会向老师或服务生表示感谢

［活动目标］

当别人给学生倒水喝的时候，学生懂得说："谢谢。"

［指导语］

1. 他帮你倒水了，要对他说什么？

2. 表扬 ×× 同学是个有礼貌的孩子。

［活动准备］

1. 场地：教室，开水房。

2. 教具：学生水杯，公共水壶。

3. 强化物：零食，代币。

［活动过程与步骤］

活动环节一：老师安排一名能力好的学生用公共水壶打水，其他学生拿水杯

1. 下课了，老师安排一名能力好的学生用公共水壶去水房打水回来。

2. 老师提示其他学生"拿杯子喝水。"老师检查学生是否能拿对水杯。

3. 老师对打水回来的学生说："谢谢你。"同时，老师要引导学生回应老师说："不用谢。"

活动环节二：老师给学生倒水，学生能表达"谢谢"

1. 老师要求学生拿着自己的水杯来老师处排队喝水。

2. 老师引导学生向老师表达："老师我要喝水。"对能表达的学生，

老师才给他倒水，如果学生不懂表达，老师要引导学生进行动作表达。

3.老师给学生倒完水后,提示学生表达"谢谢老师",对于能表达的学生,老师给予奖励。对于不能表达的学生,老师提示引导学生模仿表达。

[活动建议]

1.本活动，一开始可以是老师给学生倒水，老师引导学生表达"谢谢老师"。

2.本活动学生熟悉了向老师表达谢谢后，老师可以让学生互相倒水，引导学生向同伴表达："谢谢。"

[活动评估]

学生姓名：	能否按目标做到。 说明：1.能主动做到记"2"；2.提示下能做到记"1"；3.不能做到记"0"
目 标	掌握情况
1.当老师给学生倒水喝的时候，学生能表达"谢谢老师"	
2.当同伴给学生倒水喝的时候，学生能向同伴表达"谢谢"	

第7课 喝完水后，能把杯子放回原位

[活动目标]

学生喝完水后，能将水杯放回原位。

[指导语]

1.把水杯放回原位。

2.表扬：××同学真棒，能把水杯放回原位。

[活动准备]

1. 场地：教室，开水房。

2. 教具：学生水杯，公共水壶。

3. 强化物：零食，代币。

[活动过程与步骤]

活动环节一：学生拿水杯喝水

1. 下课了，老师提示学生拿自己的水杯准备喝水。

2. 老师提示学生装适量的水。

3. 老师提示学生将水杯里的水全部喝完。

4. 老师检查学生的喝水情况，对于喝水能符合老师要求的学生，老师给予学生表扬。

活动环节二：学生喝完水后，能将水杯放回原位

1. 学生喝完水后，老师要求学生将水杯放回原位。

2. 老师观察学生放水杯的行为。对于能主动将水杯放回自己名字处的学生，老师立即给予奖励，对于随意放水杯的学生，老师要多次引导，直到学生放对为止。

[活动建议]

本活动，学生要做到将杯子放回原位的前提是学生能认识自己的姓名或相片，所以在平时的教学中，多引导学生认识相片或姓名。

［活动评估］

学生姓名：	能否按目标做到。 说明：1. 能主动做到记"2"；2. 提示下能做到记"1"；3. 不能做到记"0"
目　标	掌握情况
1. 学生能认识自己的相片	
2. 学生能认识自己的姓名	
3. 学生喝完水后能将水杯放回原位	

中年级

［目标说明］

　　喝水活动是我校课间 10 分钟的一项教育活动。课间 10 分钟，学生要完成个人生活自理方面的活动：如喝水、上厕所。根据学生的年龄以及智力程度，喝水活动分为低重、中、高三个阶段，每个阶段的训练重点不同。

　　中年级的喝水活动，主要培养学生的主动喝水习惯。经过低重年级的喝水规范的训练，中年级的学生已经具备较好的规范意识，但很多学生可能表现出喝水不主动，依赖老师的提示等情况，所以在中年级，老师要着重培养学生主动喝水的习惯。这个主动性不光表现在单纯喝水这一动作上，而且还要训练学生，能讲究喝水卫生。如发现自己的杯子脏了要清洁干净自己的杯子，不喝生水、不喝隔夜的水，生病了不喝凉水等。

第 1 课　能主动拿自己的杯子喝水

［活动目标］

　　喝水前，学生能懂得去水杯放置区拿取写有自己名字的杯子。

[指导语]

1.××同学，拿自己的杯子。

2.喝水要拿自己的杯子。

[活动准备]

1.场地：教室，开水房。

2.教具：学生水杯、学生水杯贴上学生的姓名，或者学生自己的相片。

3.强化物：零食，代币。

[活动过程与步骤]

活动环节一：学生拿杯子喝水

1.下课了，老师提示学生："拿杯子喝水。"

2.老师观察学生拿水杯的行为，看看有哪些学生懂得拿自己的水杯，有哪些学生随意拿水杯。

3.对于能主动拿自己的水杯的学生，老师口头表扬。

4.对于随意拿取水杯的学生，老师要引导，指导学生认识自己的水杯。

5.学生拿到自己的水杯后，老师允许学生去水房打水喝。

活动环节二：学生之间结对子，由好学生帮扶不懂认识自己杯子的学生

1.老师根据班级学生认识自己水杯的情况，给学生进行结对子的帮扶，并制订帮扶制度。

2.老师带领学生帮扶对子，指导学生之间如何监督。

3.每次喝完水后，老师对于帮扶的对子给予表扬。

[活动建议]

中年级的学生，课间喝水的规范逐渐建立起来，老师重在引导学生遵

守规范，在班级建立互相监督与帮扶的制度，引导学生之间互相帮助。

［活动评估］

学生姓名：	能否按目标做到。 说明：1. 能主动做到记"2"；2. 提示下能做到记"1"；3. 不能做到记"0"
目　标	掌握情况
1. 学生能主动拿自己的水杯喝水	
2. 学生在老师的提示下拿水杯喝水	
3. 学生在同伴的提示下拿水杯喝水	
4. 学生能提示同伴拿自己的水杯喝水	

第2课　倒水喝时，不小心把水洒在桌面，会拿抹布把桌面的水抹干净

［活动目标］

1. 学生用公共水壶倒水喝。

2. 学生倒水的时候，如果有水洒在桌面，学生懂得去拿抹布把桌子抹干净。

［指导语］

1. 水洒出来了，怎么办？

2. 表扬：×× 同学真棒，能抹干净桌子。

［活动准备］

1. 场地：教室，开水房。

2. 教具：学生水杯，公用水壶。

3. 强化物：零食，代币。

[活动过程与步骤]

活动环节一：学生自己倒水

1. 下课了，老师吩咐打水的同学用公共水壶帮同学打水回来。

2. 老师允许学生自己倒水喝。

活动环节二：看见水洒在桌面，学生会拿抹布抹干

1. 老师在旁边观察。

2. 如果有学生倒水的时候一点水都没有洒出来，老师立即表扬。

3. 如果有学生将水倒出来了，懂得立即找抹布抹干净的学生，老师立即表扬。

4. 对于不懂得立即找抹布的学生，老师要提示"水洒出来怎么办？"引导学生去找抹布擦干净桌面。

[活动建议]

1. 此活动更多的是一种习惯的培养，对学生统一的要求需要老师坚持一段时间。

2. 高年级的学生，更多地提倡学生之间互相管理与监督。

[活动评估]

学生姓名：	能否按目标做到。 说明：1. 能主动做到记"2"；2. 提示下能做到记"1"；3. 不能做到记"0"
目　标	掌握情况
1. 学生能娴熟地用公共水壶倒水	
2. 水洒出来后，学生能用抹布擦干净桌面	

第 3 课　喝水前，能检查自己的水杯 是否干净，再用干净的水杯喝水

[活动目标]

1. 喝水前，学生能检查自己的水杯，如果有隔夜水，学生能将水倒掉再装新鲜水。

2. 喝水前，学生能检查自己的水杯是否干净，如果有污渍，能清洁水杯后再喝水。

[指导语]

1. 水不新鲜，要倒掉。

2. 水杯脏了，要洗干净。

3. 表扬 ×× 同学，懂得喝新鲜的水。

4. 表扬 ×× 同学，懂得洗干净杯子再喝水。

[活动准备]

1. 场地：教室，开水房。

2. 教具：学生水杯，公用水壶。

3. 强化物：零食，代币。

[活动过程与步骤]

活动环节一：创设情景：杯子里有隔夜水，我不喝

1. 老师事先在学生的杯子里装上凉水。

2. 下课了，老师提示学生去喝水。

3. 老师观察学生的行为，对于拿起水杯就喝的学生，老师要立即制止，

并告诉学生正确做法：倒掉，再去水房装新鲜水。对于懂得倒掉隔夜水的学生，老师立即奖励。

4. 老师明确告诉学生，不喝杯子里的剩水，要装新鲜水喝。

活动环节二：创设情景：杯子脏了，我要洗干净杯子再喝水

1. 老师事先在学生的杯子里撒上面粉等之类的物品，让学生的水杯看起来有些脏。

2. 下课了，老师提示学生去喝水。

3. 老师观察学生的行为，对于拿起水杯没有反应的学生，老师要提示他"看看杯子，杯子脏了怎么办？"引导学生去清洁杯子；对于能主动清洁水杯的学生，老师给予奖励。

[活动建议]

1. 中年级的学生，对于要喝新鲜水，要用干净杯子喝水的意识还未建立，此时需要老师创设情景，重点强化学生的正确行为，让学生获得感受，从而形成喝新鲜水，用干净杯子喝水的习惯。

2. 中年级的学生，课间喝水的规范逐渐建立起来，老师重在引导学生遵守规范，在班级建立互相监督与帮扶的制度，引导学生之间互相帮助。

3. 可以设置班干部，主管喝水的方方面面。

[活动评估]

学生姓名：	能否按目标做到。 说明：1. 能主动做到记"2"；2. 提示下能做到记"1"；3. 不能做到记"0"
目　　标	掌握情况
1. 学生能装适量的水	
2. 学生能将杯子里的水喝完	
3. 学生能承担班干部的任务	
4. 学生能听从班干部的指令	

高年级

[目标说明]

　　喝水活动是我校课间 10 分钟的一项教育活动。课间 10 分钟，学生要完成个人生活自理方面的活动：如喝水、上厕所。根据学生的年龄以及智力程度，喝水活动分为低重、中、高三个阶段，每个阶段的训练重点不同。

　　高年级学生的喝水活动，主要训练学生的个人自主性、判断能力以及更高一级的互动能力。进入高年级的学生，他们对不同环境中自我与环境的关系有一定的把握能力。在喝水活动中，他们几乎不需要老师的提示，就可以根据自己的需要主动喝水。在这个过程中，对于他们的要求更侧重于他们与人的互动能力。如帮助别人打水喝，完成值日表上打水的任务，提醒别的同学喝水等。

第1课　口渴时，能主动拿自己的水杯倒水喝

[活动目标]

口渴了，学生自己去拿水杯倒水喝。

[指导语]

1. 你口渴吗？

2. 口渴了，知道拿水杯喝水，表扬你！

[活动准备]

1. 场地：教室，开水房。

2. 教具：学生水杯。

3. 强化物：零食，代币。

［活动过程与步骤］

活动环节一：培养班干部，发挥班干部的作用

1. 高年级的学生各项喝水规范已经建立，老师要在班级设置详细的喝水制度。

2. 设置班干部的职务，责任到个人。

3. 由学生之间进行管理与监督。

活动环节二：由班干部引导学生之间督促喝水

1. 老师负责监督与观察。

2. 老师对于学生干部以及不服从或不懂得喝水的学生，进行干预或引导。

［活动建议］

高年级的学生，各项喝水规范基本建立了，关于课间 10 分钟的喝水活动，老师要给予他们更多的自主，引导他们根据自己的需求，想喝水的时候去喝水。

［活动评估］

学生姓名：	能否按目标做到。 说明：1. 能主动做到记"2"；2. 提示下能做到记"1"；3. 不能做到记"0"
目　标	掌握情况
1. 学生干部能各司其职	
2. 学生能主动去喝水	
3. 学生在同伴的提示下拿水杯喝水	
4. 学生能提示同伴拿自己的水杯喝水	

第 2 课　能根据自己的需求倒适量水喝

[活动目标]

学生能根据自己的需求，倒适量的水，并能喝完杯子里的水。

[指导语]

1. 喝多少水就装多少水。

2. 喝完杯子里的水。

[活动准备]

1. 场地：教室，开水房。

2. 教具：学生水杯，公用水壶。

3. 强化物：零食，代币。

[活动过程与步骤]

活动环节一：学生拿杯子喝水

1. 下课了，老师提示学生："拿杯子喝水。"

2. 老师观察学生的行为，特别关注那些没有行动的学生，老师可以和学生对话："你怎么不去拿水杯？"了解清楚学生是否真的知道自己喝不喝水的需求。对于能应答老师"我不渴"的学生，老师允许其不拿水杯喝水。对于不能应答老师的学生，老师对其进行提示，引导学生去拿水杯装水。

3. 老师观察学生装水的行为，对于懂得装半杯水的学生，老师对其进行口头表扬；老师重点关注那些装了满满一杯水的学生，如果学生能喝完水，老师可作简单的提示，如果学生不能喝完水杯里的水，老师要重点引导：要求学生装适量的水。

活动环节二：设置喝水的班干部，建立制度，由好学生检查学生水杯的水是否喝完

1. 由班干部组织，每次学生装水或喝完水后，学生之间互相检查同学装水的情况。

2. 每次喝完水后，老师对于班干部以及完成得好的学生给予表扬。

［活动建议］

高年级的学生，课间喝水的规范逐渐建立起来，老师重在引导学生遵守规范，在班级建立互相监督与帮扶的制度，引导学生之间互相帮助。

［活动评估］

学生姓名：	能否按目标做到。说明：1. 能主动做到记"2"；2. 提示下能做到记"1"；3. 不能做到记"0"
目　　标	掌握情况
1. 学生能装适量的水	
2. 学生能将杯子里的水喝完	
3. 学生能承担班干部的任务	
4. 学生能听从班干部的指令	

第3课　会看值日表的安排，清楚自己的值日任务

［活动目标］

1. 学生能看明白班级值日表，知道自己负责哪一天的打水任务。

2. 学生能按照值日表的安排，完成自己的打水任务。

[指导语]

1. 今天的喝水活动是谁负责？

2. ××同学真棒，非常负责地完成了今天同学们的喝水任务。

[活动准备]

1. 场地：教室，开水房。

2. 教具：学生水杯，公用水壶。

3. 强化物：零食，代币。

[活动过程与步骤]

活动环节一：熟悉值日表，明确喝水制度

1. 老师引导学生看值日表，让班级每个学生都清楚自己的值日任务。

2. 老师向学生强调班级的喝水制度：课间自己主动去喝水，班级负责喝水任务的同学要督促同学们喝水，同时还要负责开水房同学们喝水的秩序，以及班级水杯的卫生与摆放。

活动环节二：有序的课间喝水

1. 下课了，老师观察学生的喝水情况，引导学生自己主动去喝水。

2. 老师对于负责班级喝水情况的同学进行指导：由该生去监督检查班级的喝水情况，该生能按要求完成，老师给予表扬。

[活动建议]

1. 高年级学生的喝水活动，可以设置班干部，主管喝水的方方面面。

2. 老师在班级设计一份值日表，将每天的值日任务由专人负责。

3. 老师将值日任务进行细化，列出每项任务的具体要求，所有人都要按照要求做到。

[活动评估]

学生姓名：	能否按目标做到。 说明：1. 能主动做到记"2"；2. 提示下能做到记"1"；3. 不能做到记"0"
目　标	掌握情况
1. 学生能看得明白值日表	
2. 学生了解喝水制度	
3. 负责喝水的学生能按照要求完成任务	
4. 学生能听从班干部的指令	

第二章　如厕

低重年级

[目标说明]

　　如厕是我校课间 10 分钟教育训练的一项活动。利用如厕这一真实的活动，训练学生在有便意时能够向老师表达如厕，能正确分清男女厕所，并能养成良好的如厕习惯、卫生习惯，等等。如厕教育分为三个年级阶段，分别是低重年级、中年级、高年级三个阶段，每个年级阶段训练的侧重点有所不同。

　　由于低重年级学生，生活自理能力还未建立，卫生习惯还没有养成，所以在这一阶段，利用课间 10 分钟，主要训练学生有了便意会跟老师主动表达，能够正确分辨男女厕所，不走错厕所。大便时会知道拿纸巾；进入厕所后，如果里面有人会等待；大（小）便时知道关好门；便后能在提示下洗手、整理衣裤、检查自己的仪容。这一阶段训练完成后，学生建立起基本的如厕规则，养成基本的卫生习惯，为下一步中、高年级的如厕活动打下基础。

第1课　想去大（小）便时，能向老师表达需求

[活动目标]

1.在老师的语言提示下，没有语言表达能力的学生能用手势表达："我要去厕所。"

2.在老师的语言提示下，学生能表达："我要去厕所。"

[指导语]

1.同学们，有没有人去厕所？

2.去厕所时，要和老师说："我要去厕所。"

[活动准备]

1.场地：教室，厕所。

2.强化物：零食。

[活动过程与步骤]

活动环节一：引导学生表达："老师，我要去厕所。"

1.下课了，老师带同学们来到厕所门口："同学们等等老师，老师去厕所。"

2.然后用语言提问："有没有同学大（小）便？大（小）便要跟老师说'我要去厕所'。"

3.如果有学生立刻跟老师表达了，老师要及时奖励强化物，并表扬该生会表达，主动跟老师说去厕所。

4.对于没有反应的学生，老师要反复引导：××，你要不要大（小）便啊？一定要告诉老师。不去的同学，下次去厕所也要跟老师说。

5.对于没有语言能力的学生,老师要教他先呼唤老师,并用手指着下身,老师就明白这是大(小)便的意思。

6.奖励能表达的学生。

活动环节二：带学生进入厕所

1.老师组织要去厕所的学生排队,男女各一队,然后分别进入厕所。

2.其他学生在助教老师的带领下在厕所外等候。

3.学生便后出来,老师检查学生是否整理好衣服,询问是否冲厕所和洗手。

4.老师问："想去大(小)便时要跟老师说什么? 要说'老师,我要去厕所'。"让每个学生都说一次,奖励会表达的学生。

[活动建议]

1.由于低重年级学生规范还没养成,老师要建立好班级的如厕规则,让每个学生都明白。

2.规范的养成需要长时间的积累,老师要每天都提出要求并及时检查和反馈,让学生慢慢建立规范意识,养成好的习惯。

3.强化物的使用在学生规范的建立中作用非常大,建议低重年级学生先使用食物强化物。

[活动评估]

学生姓名：	能否按目标做到。 说明：1.能主动做到记"2"；2.提示下能做到记"1"；3.不能做到记"0"
目　标	掌握情况
1.在老师的引导下，没有语言能力的学生能用动作或手势向老师表达"我要大(小)便"	
2.在老师的引导下，学生能表达"我要大(小)便"	

第2课　能正确分辨男女厕所

[活动目标]

1. 当老师提问时，没有语言能力的学生能用手指出男女厕所。

2. 当老师提问时，有语言能力的学生能分辨并说出男女厕所。

[指导语]

1. 同学们，这是男厕所还是女厕所？

2. 告诉（指给）老师，男厕所在哪里？女厕所在哪里？

3. 说（指）对了。

[活动准备]

1. 场地：厕所门口。

2. 强化物：零食。

[活动过程与步骤]

活动环节一：认识男女厕所

1. 老师组织学生来到厕所门口。

2. 首先认识标志：这是一个男人，看到这个标志就是男厕所。这是女人，看到这个标志就是女厕所。学生依次上前，认识男女厕所标志。有语言能力的引导其表达"男厕所，女厕所"，没语言能力的学生引导其用手指认。

3. 集体认识男女厕所，老师指（说），学生说（指）。奖励说（指）对的学生。

活动环节二：辨别自己的性别，正确进入厕所

1.老师请同学们按性别排两队，男孩一队，女孩一队。说说自己是男孩还是女孩。

2.请男同学站到男厕所门口，女同学站到女厕所门口。

3.老师示范：我是女孩，大小便要去女厕所。让每个同学来表达"我是男（女）孩"，然后进入相应的厕所。

4.如果有进错的,老师请同学们来判断:他(她)进的厕所对吗？他(她)应该去哪个厕所?

5.表扬和奖励做对的同学。

6.重复练习，正确认识男女厕所。老师强调：在学校或者商场等地方，一定要正确进厕所，如果不能分辨，要请大人帮忙。

[活动建议]

1.由于低重年级学生认知能力的不足，老师要多次重复训练，让所有学生都能正确分辨。

2.课下要经常练习，老师经常检查。学生也可以结伴同行，让好学生带较差的学生。

[活动评估]

学生姓名：	能否按目标做到。 说明：1.能主动做到记"2"；2.提示下能做到记"1"；3.不能做到记"0"
目 标	掌握情况
1.在老师的引导下，没有语言能力的学生能用动作或手势做出判断	
2.在老师的引导下，学生能表达"这是男（女）厕所"	

第3课　进厕所大小便时，懂得关门

[活动目标]

在老师的语言提示下，学生进厕所大（小）便时能关门。

[指导语]

1. 大（小）便的时候，要关门。

2. ×× 同学会关门。

[活动准备]

1. 场地：厕所。

2. 强化物：零食。

[活动过程与步骤]

活动环节一：上厕所我会关门

1. 老师带同学们来到厕所门口。根据性别排两队。主教和助教老师各带一队。

2. 组织学生分别进入厕所。老师先示范进入厕所并关上门，出来后说明"进入厕所要关门"。让一名学生进厕所，大家看看他做得对不对。如果学生关上门了，就表扬他，请他出来。如果学生没有关好门，大家一起提醒他。

3. 每个学生依次进入厕所，反复多次，奖励会主动关门的学生，直到每个学生都记住。

活动环节二：比一比，谁最棒

1. 老师询问谁要大小便？组织要去厕所的学生排队。根据性别进入厕所。

2. 助教老师组织不去厕所的学生在厕所外等候。

3. 主教老师进厕所，逐个检查学生是否有关门，表扬关门的学生，对没有关门的学生，老师提醒他关好门。

4. 学生便后出来，老师再次表扬会关门的学生，强调如厕时，一定要关好门。

5. 老师再次询问是否有去大小便的，同样检查学生是否会关门。

[活动建议]

1. 低重年级学生建立规范需要长期的养成，老师要时刻提示，让学生养成习惯。

2. 多以正强化为主，帮助学生养成良好的行为习惯。

3. 也可以让好的学生帮忙检查其他学生如厕时是否有关门。

[活动评估]

学生姓名：	能否按目标做到。 说明：1. 能主动做到记"2"；2. 提示下能做到记"1"；3. 不能做到记"0"
目　　标	掌握情况
1. 在老师的引导下，学生如厕时会关好门	

第 4 课　进厕所前，能拿纸巾

[活动目标]

当学生有大（小）便的需求时，能在老师的提示下拿纸巾。

[指导语]

1. 同学们，去厕所之前，我们要拿什么呀？（若是女生问大小便，男生问大便）

2. 告诉（指给）老师，你要拿什么？

3. ××同学知道去厕所的时候拿纸巾。

[活动准备]

1. 场地：教室。

2. 强化物：零食。

[活动过程与步骤]

活动环节一：纸巾用处大

1. 老师组织学生来到柜子前，认识纸巾。简单说一说纸巾有什么用处？

2. 现在老师想去厕所大便，谁能说说，老师要拿什么东西？有语言能力的用语言表达，没有语言能力的指出来。奖励正确表达的学生。

3. 请学生说一说：去厕所为什么要拿纸巾？不拿纸巾会怎么样？

活动环节二、大便前，我会拿纸巾

1. 老师组织学生排队。

2. 询问学生有没有要去大便的？要大便的同学拿什么？对正确表达和拿纸巾的同学，给予表扬和强化物。

3. 学生依次上前，自己拿纸巾。如果拿得太多或者太少，老师给予相应的提示。

4. 其他不去厕所的同学，上前自己撕纸巾，学折纸巾，等下一次大便时会拿纸巾。

5. 表扬和奖励做得好的同学。

[活动建议]

由于低重年级学生自理能力的不足，老师要长期训练，直到学生养成习惯。

[活动评估]

学生姓名：	能否按目标做到。 说明：1. 能主动做到记"2"；2. 提示下能做到记"1"；3. 不能做到记"0"
目　标	掌握情况
1. 当有大（小）便（女生）的需求时，学生能在老师的引导下，自己去拿纸巾	
2. 当有大便（男生）的需求时，学生能在老师的引导下，自己去拿纸巾	

第 5 课　便后，能在老师的提示下冲水

[活动目标]

在老师的提示下，便后能冲水。

[指导语]

1. 同学们，大小便后，我们要做什么？

2. ×× 同学冲得真干净。

[活动准备]

1. 场地：厕所。

2. 强化物：零食。

[活动过程与步骤]

活动环节一：不讲卫生坏处大

1. 老师组织学生进入厕所。事先找一个没冲水的马桶或小便池。

2. 大家闻闻，是不是很臭？为什么这么臭？

3. 集体来到没冲水的厕所旁，感受臭味。

4. 大小便后，如果我们不冲厕所，厕所就会很臭，影响我们的身体健康。

5. 依次提问学生：大小便之后我们首先要做什么？冲厕所。表扬和奖励说得对的学生。

活动环节二：我知道便后要冲水

1. 老师组织学生来到厕所外。有没有同学想去厕所？向老师表达。

2. 有大小便需求的学生去厕所，其他同学在外等候，复习辨认男女厕所，一起记住便后要冲水。

3. 等所有上厕所的学生出来后，老师再次组织学生排队进入厕所，检查是否冲厕所。

4. 刚才上厕所的学生找到自己大小便的位置。老师和同学们依次检查，是否有冲厕所，是否冲干净了。冲得不干净要求再冲一次。

5. 表扬和奖励冲得干净的同学。再次强调，便后记得冲厕所。

6. 最后依次练习冲水。

[活动建议]

1. 由于低重年级学生体力不足，老师要帮助体弱学生练习冲厕所。并且长期提示并检查。

2. 建议低重年级学生多使用食物强化物。

［活动评估］

学生姓名：	能否按目标做到。 说明：1.能主动做到记"2"；2.提示下能做到记"1"；3.不能做到记"0"
目　标	掌握情况
1.在老师的提示下，学生能在便后冲水	

第6课　在老师的引导下，检查个人的仪容仪表

［活动目标］

1.在老师的帮助下，学生能在镜子前检查个人的仪容仪表。

2.在老师的引导下，学生能在镜子前检查个人的仪容仪表。

［指导语］

1.××同学，看看脸脏吗？

2.看看衣服穿好了吗？

3.头发有没有乱？

4.××，你的鼻子很脏，你的额头上有汗。

5.××，你的衣领没弄好。

6.××同学真整洁。

［活动准备］

1.场地：教室镜子前。

2.教具：纸巾，镜子。

3.强化物：零食，代币。

［活动过程与步骤］

活动环节一：我会整理头发

1. 同学们，我们准备下去看电影了，想不想看啊？下面老师看看谁的头发最整齐，整洁的同学才可以去看电影。

2. 老师组织学生来到镜子前排队，学生找到自己的位置站好，老师引导学生："看看自己的头发乱不乱？"我们用梳子来梳整齐。

3. 能够听从老师的指令梳理头发的学生，老师及时给予奖励，对于不梳理头发的学生，老师给予提示："××同学，你的头发很乱。"学生梳理好后，老师给予奖励。

活动环节二：看谁的脸最干净

1. 同学们，刚刚我们才搞完卫生出了汗，大家看一看自己的脸脏不脏、有没有汗，如果有就用纸巾把它擦干净，好不好？

2. 老师让学生对着镜子，检查自己的脸，发现自己的脸上脏了或有汗，引导学生向老师表达："老师，我要纸巾。"学生拿到纸巾擦脸，老师检查后奖励一个小零食。

3. 对于不懂检查自己的脸是否干净的学生，老师给予提示："××，你的额头上有汗，你的鼻子脏了，去拿纸巾擦干净。学生听从指令擦干净脸后老师检查并奖励食物，对于脸部脏了也不懂得擦的学生，老师给予帮助，并给予动作提示。

活动环节三：我最精神

1. 同学们，下面我们来检查下我们的衣服有没有穿整齐？看谁最快整理好，老师有奖励。

2. 能够听从老师的指令马上整理好衣服的学生，老师及时奖励小零食并表扬："××同学，你的衣服整理好了，真精神。"不懂整理的学生老师给予提示："××同学，你的衣领没弄好。"在老师的提示下整理好衣服的学生，老师要给予奖励，对于还是不会整理的学生，老师要给予帮助。

3. 老师说："大家都对着镜子整理好自己的衣服了，下面每两个人一组（能力强的学生跟能力弱的学生搭配），面对面站好，互相检查，如果大家都检查没问题了，我们就可以下去看电影了。如果发现同学还没整理好，大家互相帮助。"

［活动建议］

1. 由于低重年级的学生各项规范在建立中，所以老师要制定好本班级的整理仪容仪表的时间和规范。

2. 利用课间十分钟的时间，对于整理仪容仪表的规范仍未建立的学生，老师要增加训练次数。

3. 由于低重年级学生代币意识仍在建立之中，学生能达到老师的要求，根据学生的学习程度可以采用零食和代币奖励结合。

［活动评估］

学生姓名：	能否按目标做到。说明：1.能主动做到记"2"；2.提示下能做到记"1"；3.不能做到记"0"
目　标	掌握情况
1. 在老师的帮助下，学生能在镜子前检查个人的仪容仪表	
2. 在老师的引导下，学生能在镜子前检查个人的仪容仪表	

第 7 课　便后，能整理好衣裤才出来

[活动目标]

1. 在老师提示下，学生便后懂得整理好自己的衣裤才出来。

2. 在老师提示下，学生能照着镜子检查自己的衣裤是否整齐。

[指导语]

1. 大小便后，要记得整理好自己的衣服。

2. 照照镜子，你的衣服穿好了吗？

3. ×× 同学穿得真整齐。

[活动准备]

1. 场地：厕所门口。

2. 强化物：零食。

[活动过程与步骤]

活动环节一：便后，我会整理好衣服才出来

1. 老师组织学生来到厕所门口。

2. 老师带着一个学生进入厕所内，故意把学生的裤子拉低，衣服一半塞进裤子里一半露在裤子外，然后一起出来。

3. 老师让其他学生来检查：大家看看，她哪里穿得不好？能说出来的学生给予强化物。

4. 衣服没整理好就出来，这样不好。整理好自己的衣服和裤子，这样才最整洁。

活动环节二：我会照镜子检查衣服

1.老师请同学们排好队回到教室，站在镜子前，一个一个检查自己的衣服是否整齐。

2.整理好了,老师奖励强化物。整理不好的,继续整理,或者请同学帮忙。

3. 老师总结：我们从厕所出来之后，还要站在镜子前，好好检查一下衣服是否整齐，如果不整齐要立刻穿好。这样，我们才是最靓的。

4.重复练习，老师有意弄乱学生衣服，让他们重新整理好。

[活动建议]

1.由于低重年级学生自理能力较差，老师要多次训练，帮助学生养成习惯，提高生活自理能力。

2.在教学中，老师要创设情境，有意让学生衣服不整齐，看学生是否能发现并整理好衣服。

[活动评估]

学生姓名：	能否按目标做到。说明：1.能主动做到记"2"；2.提示下能做到记"1"；3.不能做到记"0"
目　　标	掌握情况
1.在老师的提示下，学生能在便后整理好自己衣服才出来	
2.在老师的提示下，学生能在镜子前检查自己着装	

第 8 课　便后能洗手

[活动目标]

在老师的提示下，学生便后能去水龙头处洗手。

[指导语]

1. 同学们，你们刚刚去了哪里啊？

2. 大小便之后我们要做什么？

3. ×× 同学的手洗得很干净。

[活动准备]

1. 场地：厕所门口。

2. 强化物：零食。

[活动过程与步骤]

活动环节一：我最讲卫生

1. 下课后，老师提示学生去厕所大小便。然后组织不去厕所的学生排队等候在厕所门口。

2. 等学生从厕所出来，老师问："你刚刚去哪里了？大小便之后我们要做什么？"如果学生还不理解，老师用双手做洗手的动作，提醒学生。

3. 刚刚去了厕所的学生在老师提示下，排队在水龙头处依次洗手。

4. 老师和学生说明："我们要养成讲卫生的好习惯，大小便之后要洗手，这样身体才不会生病，别人也喜欢和你玩。"

活动环节二：我会洗手

1. 老师对刚刚洗手的同学奖励零食，要求回到教室才可以吃。问其他学生："你们想不想吃零食？想吃的同学请洗手。"

2. 老师先示范洗手的要求：打开水龙头，双手用力搓，洗干净指缝，再关好水龙头，把手上的水甩干。学生依次排队洗手，老师在旁边检查是否按步骤做到，表扬按老师要求洗手的学生："洗得真干净，有零食吃。"

3. 洗完手的学生得到强化物奖励。全体回到教室，一起吃零食。

［活动建议］

1. 由于低重年级学生的生活自理能力不足，老师需要长期训练，慢慢养成好习惯。

2. 老师的正确示范很重要，一边做一边用语言引导，让学生更直观地学习。

［活动评估］

学生姓名：	能否按目标做到。 说明：1.能主动做到记"2"；2.提示下能做到记"1"；3.不能做到记"0"
目　标	掌握情况
在老师的引导下，学生能去水龙头处洗手	

第9课　上厕所时，当里面有人时能等待

［活动目标］

1. 在老师提示下，当厕所有人时，学生不去打开门。

2. 在老师提示下，当厕所有人时，学生要在门外等待。

[指导语]

1. 当厕所里面有人时，我们可不可以开门进去？

2. 当厕所里面有人时，我们要在门外等候。

[活动准备]

1. 场地：厕所。

2. 强化物：零食。

[活动过程与步骤]

活动环节一：厕所关门时，我不去开门

1. 老师组织学生来到厕所。事先让隔壁班学生在里面假装大小便，并关好门。

2. 老师让学生仔细观察关着门的厕所："看看，厕所的门关着，里面有人在大小便。别人大小便的时候，我们可不可以开门进去啊？不可以。"

3. 如果我们想大小便，应该进没有人在用的厕所间。

4. 老师试着让学生一个个去推关着的门，看学生是否会去做。做的学生要批评，不做的学生给予奖励。

活动环节二：厕所有人我会等

1. 老师询问学生是否要去大小便，如果要去，观察学生进哪些厕所。进开门的还是关门的。做得对的学生给予奖励，做得不对的，让学生重新选择。

2. 让学生排两队在厕所门外，老师带一队人进入厕所，把厕所门关好。

3. 再带另外一队学生进去："看看，所有的门都是关着的，如果你着急上厕所，怎么办？能不能推门？"依次问学生。

4.**小结引导学生**: 当厕所里面有人时,我们不可以推门,要在门外等候。如果实在忍不住了,可以想办法去其他地方的厕所。

[活动建议]

由于低重年级学生的认知水平比较低,很难在真实的上厕所需求发生时进行教学,老师要在游戏中给学生体验。

[活动评估]

学生姓名:	能否按目标做到。 说明: 1.能主动做到记"2";2.提示下能做到记"1";3.不能做到记"0"
目　标	掌握情况
1.在老师提示下,当厕所有人时,学生不能打开门	
2.在老师提示下,当厕所有人时,学生要在门外等待	

中年级

[目标说明]

如厕是我校课间 10 分钟的一项活动,利用如厕这一真实的活动,训练学生在有便意时能够和老师表达如厕,能正确分清男女厕所,并能养成良好的如厕习惯、卫生习惯等。

如厕分为三个年级阶段,分别是低重年级、中年级、高年级,每个年级阶段训练的侧重点有所不同。

中年级学生,由于他们的生活自理能力已经有了基础,具备了基本的服从能力,只是部分学生的卫生习惯还没有养成。所以在这一阶段,利用课间 10 分钟,主要训练部分能力不足的学生有了便意之后能够自觉如厕,大便时知道拿适量的纸巾,便后能冲厕所,并学会检查是否冲干净。能自觉在便后洗手、整理衣裤、检查自己的仪容。这一阶段训练完成后，学生养成了良好的卫生习惯，在家庭生活中能够自我照顾，为顺利进入社会打下基础。

第1课　有便意时，能自觉进厕所大小便

[活动目标]

1. 当有便意时，学生能跟老师说。

2. 得到老师同意后，学生能自觉去厕所大小便。

[指导语]

1. 下课了，大家要上厕所。

2. ××同学自己知道下课了要去厕所。

[活动准备]

1. 场地：教室，厕所。

2. 强化物：代币。

[活动过程与步骤]

活动环节一：做什么事，我都会和老师说

1. 老师宣布下课，学生可以各自做自己的事。

2. 老师和学生说清楚，做什么事都要问过老师才可以去做，不可以自己随便走开。

3. 老师让学生各自表达需求，想喝水还是玩游戏等。如果你们想大小便，

也要和老师说清楚，让老师知道你的去向。表扬那些向老师表达需求的学生，奖励代币。

4.再次强调，做任何事都要和老师说，不可以独自走开。

活动环节二：有便意，我自己会去厕所

1.老师表扬刚刚表达去厕所需求的学生，老师同意后，问学生去哪里大小便，观察学生是否进入厕所。

2.学生出来后，检查他们是否按老师要求整理好服装、洗干净手等。

3.当着全体学生的面，老师表扬自觉去厕所的学生：想去大小便，要主动跟老师说，老师同意了就自己去厕所。

[活动建议]

由于中年级学生早期规范基本已经建立，大部分学生都已经会自己去厕所，活动主要针对的是个别能力较弱的学生。

[活动评估]

学生姓名：	能否按目标做到。 说明：1.能主动做到记"2"；2.提示下能做到记"1"；3.不能做到记"0"
目　标	掌握情况
1.下课了，学生知道去厕所大小便	
2.大小便前，能跟老师说	

第2课　上厕所时，能取合适长度的纸巾

[活动目标]

1.上厕所（大便）时，学生能拿合适长度的纸巾。

2.学生会把纸巾折好。

[指导语]

1.下课了，哪位同学要去厕所？

2.你拿的纸巾够不够？

3.××同学纸巾折得很好。

[活动准备]

1.场地：教室。

2.强化物：零食。

[活动过程与步骤]

活动环节一：上厕所时，我会拿合适的纸巾

1.老师组织学生到柜子旁排队。老师问哪些同学想去厕所。想去厕所的学生跟老师表达需求。

2.去厕所，我们要拿什么？纸巾。老师让每个学生到柜子旁，观察老师拿多少纸巾最合适，然后让学生一个个过来尝试拿纸巾。

3.拿得不够的学生，老师让其他学生一起评价：他的纸巾够不够用？拿得太多也不对，大家一起来评价。

4.老师再次强调，去厕所时，纸巾不要太多，浪费。也不能太少，会擦不干净。

5.想去厕所的同学可以拿着自己的纸巾去厕所了。

活动环节二：我会把纸巾折好

1.老师表扬拿适量纸巾的学生。

2."同学们知道了去厕所拿纸巾，那么你们会不会折纸巾呢？"老师先示范折纸巾，按纹理对折，再用手拿好。

3.让学生轮流来折纸巾，折得好奖励，折得不好，老师再辅导，直到会折。

4.大家把纸巾全部摊开，来一次折纸巾比赛，看谁折得最快最好。老师做评委，奖励前五名学生。

5.重复比赛。

[活动建议]

1.由于中年级学生早期规范基本已经建立，大部分学生都已经会拿纸巾去厕所，但是由于习惯问题，纸巾拿多少是没有规定的。因此老师要示范，按老师的标准来拿纸巾。

2.在游戏活动中，每个人都要参与到，且多次重复。

[活动评估]

学生姓名：	能否按目标做到。 说明：1.能主动做到记"2"；2.提示下能做到记"1"；3.不能做到记"0"
目　　标	掌握情况
1.大便的时候，学生知道拿长度合适的纸巾	
2.去厕所时，学生会把纸巾折好	

第3课　便后，能把便池冲干净

[活动目标]

1.大小便后，学生能主动冲厕所。

2.冲完厕所后，学生能检查便池。

[指导语]

1. 哪位同学要去厕所？

2. 有没有冲厕所啊？冲得干净吗？

3. ××同学厕所冲得很干净。

[活动准备]

1. 场地：厕所。

2. 强化物：零食。

[活动过程与步骤]

活动环节一：便后，我会冲厕所

1. 事先在厕所门上贴上数字号码。老师组织学生到厕所外排队。老师问哪些同学想去厕所。想去厕所的学生向老师表达需求。老师规定学生只能去某一个厕所间。

2. 等上厕所的学生出来，老师带所有学生进入厕所，先看1号厕所间：大家看看这里干净不干净？有没有冲厕所？询问是哪个学生用过的，大家一起来评价。

3. 然后是其他所有上厕所的同学。评价他们是否有冲厕所。按要求冲了厕所，老师奖励，不记得冲的，叫学生再冲。

4. 依次叫每个学生进去冲厕所，要用力按水箱，按住一定时间，这样才有水出来。老师强调：上厕所要冲厕所，讲卫生的学生大家才喜欢。

活动环节二：冲完厕所，我会检查是否干净

1. 老师表扬刚刚厕所冲得干净的学生。

2. 带学生到外面，老师进入厕所拿出事先准备的垃圾，倒一点到厕所里。

然后让学生重新进来。

3.大家看一看，1号厕所间是否干净？一起来检查。如果不够干净，怎么办？重新冲。

4.再检查其他。学生主动上去冲，大家检查是否干净。

5.老师：有的同学大小便之后冲一下水就走了，没有仔细检查。这样是不对的，因为有时冲一次是不够干净的，一定要检查好，冲干净再出去。如果冲不干净，厕所就会很臭，很不卫生。

6.学生可以帮忙互相检查，冲干净厕所再出去。

[活动建议]

中年级学生大部分都会冲厕所，但是没有检查的习惯。重点在检查厕所是否冲干净，或者有时会便到外面，就需要水管等其他物品辅助清理了。

[活动评估]

学生姓名：	能否按目标做到。 说明：1.能主动做到记"2"；2.提示下能做到记"1"；3.不能做到记"0"
目　　标	掌握情况
1.便后，学生能冲厕所	
2.冲完水后，学生会检查厕所是否冲干净了	

第4课　能自觉整理个人仪容仪表

[活动目标]

1.学生能照镜子，检查自己的仪容仪表。

2.学生按仪容仪表的要求完成整理。

[指导语]

1. 照照镜子。

2. 看看脸上有没有脏的地方？头发有没有乱？

3. 脏了，怎么办？头发乱了，怎么办？

4. 脏了，要洗；头发乱了，要梳理。

5. 看看衣服整理好了没有？

6. 上衣要拉好，裤子要穿好。

[活动准备]

1. 场地：教室。

2. 教具：纸巾，梳子等。

3. 强化物：食物，代币。

[活动过程与步骤]

活动环节一：学生照镜子，检查自己的仪容仪表

1. 老师组织学生在镜子前站成一列。

2. 老师说好要求：对着镜子，检查自己的脸、头发、衣服等是否干净。

3. 学生按照老师的提示逐一检查自己的仪容仪表。

4. 老师问："脸干净吗？头发整齐吗？……"

5. 学生回答老师的问题。

6. 待学生回答完，老师逐一观察，对检查结果不符合要求的学生进行纠正，说："××同学，脸不干净，有眼屎。"或"××同学，头发乱了，要梳理。"

活动环节二：学生按仪容仪表的要求完成整理

1. 老师引导学生逐一检查仪容仪表后，要求学生在 5 分钟内整理好。

2. 脸不干净的学生去擦干净脸，头发乱的学生拿梳子梳头，衣服没有整理好的学生对着镜子整理衣服。

3. 5 分钟时间到，老师用铃声提醒学生站回镜子前。

4. 老师再次引导学生对着镜子检查。

5. 老师对已经整理好仪容仪表的学生进行口头表扬："×× 同学整理好仪表，表扬！请回座位。"

6. 老师对未整理好仪容仪表的学生提出要求："×× 地方还不干净，衣服还没整理好等。"

7. 未达要求的学生再次进行整理，老师在旁给予提示或协助，直至学生的仪表达到要求。

活动环节三：如厕后，自觉整理仪容仪表

1. 要求学生如厕后，对着镜子整理衣服：裤子穿好，上衣拉好。

2. 学生回到教室后，教师检查。

3. 若学生能整理好衣服，教师给予表扬；若学生还没整理好衣服，教师给予指导。

[活动建议]

1. 中年级的学生还未具备一定的整理仪容仪表的技能和审美意识，所以老师要训练学生基本的仪容仪表整理技能，进而培养学生的审美意识。

2. 利用仪容仪表整理的时间，对于整理情况仍未达到要求的学生，老师要增加训练次数。

3. 中年级学生采用食物和代币相结合的强化手段。

［活动评估］

学生姓名：	能否按目标做到。 说明：1. 能主动做到记"2"；2. 提示下能做到记"1"；3. 不能做到记"0"
目　　标	掌握情况
1. 学生能照镜子，检查自己的仪容仪表	
2. 学生按仪容仪表的要求完成整理	

第二部分　课间 40 分钟

第三章　课间操

低重年级

[目标说明]

课间操是我校 40 分钟课间活动中的一项，利用这一真实的活动场景，训练学生快速集队、能找到自己的站位、努力控制动作等，同时培养学生守时的品质。

课间操分为低重、中、高等三个年级阶段，每个年级阶段训练的侧重点有所不同。低重年级学生的服从、互动能力还未完全建立，动作能力水平较低，因而我们要训练学生逐渐做到：服从老师的指令，在老师的协助下集队，在老师的指导下站在指定的位置，模仿老师做动作等，为下一步中高年级的课间操活动打下基础。

第1课 《运动员进行曲》响起，能在老师的提示下排队，迅速到达做操场地

[活动目标]

1. 在老师的引导下，学生能排好队。

2. 在老师的引导下，学生能迅速到达做操场地。

[指导语]

1. 音乐响了，要做操。

2. 请排队。

3. 动作要快。

[活动准备]

1. 场地：上课场地。

2. 强化物：零食，代币。

[活动过程与步骤]

活动环节一：引导学生听到《运动员进行曲》，就要排队

1. 下课了，《运动员进行曲》响起，老师提醒学生："在播什么音乐？"

2. 如果有学生能表达"做操啦"，老师立即口头表扬学生"××同学，你说得对，我们去做操吧！"

3. 如果学生不懂得表达，老师引导："听到音乐，就要做操了。"

4. 老师引导学生在指定的位置排队。

活动环节二：排队、整队

1. 老师引导学生排队，小组长进行整队。

2. 老师检查整队情况。必要时，老师协助整队。

3. 在老师的带领下，学生排队前往做操的位置。

活动环节三：在《运动员进行曲》音乐结束前，带领学生到做操的位置

1. 老师提示："我们是哪个班？在哪个位置？看谁能找到"，引导学生自行寻找自己班的做操位置。

2. 学生尝试找做操的位置。必要时，老师给予协助。

3. 老师引导学生按规定的位置站好，并保持安静。

[活动建议]

1. 由于低重年级学生的各项规范正在建立当中，老师要制定好本班级的做操规范。

2. 对于做操规范仍未建立的学生，老师要利用课间操时间进行训练。

3. 低重年级学生的代币意识仍在建立之中，老师要根据学生的能力程度采用不同的奖励方式。

[活动评估]

学生姓名：	能否按目标做到。 说明：1. 能主动做到记"2"；2. 提示下能做到记"1"；3. 不能做到记"0"
目　标	掌握情况
1. 在老师的引导下，学生能排好队	
2. 在老师的引导下，学生能迅速到达做操场地	

第2课　在老师的指导下，能站在指定的位置

[活动目标]

1. 在老师的引导下，学生能找到自己班级的做操位置。

2. 在老师的指导下，学生能按规定的间隔站好。

[指导语]

1. 我们班是××班。

2. 找一找，你应该站在哪里？

[活动准备]

1. 场地：广场，大堂。

2. 强化物：零食，代币。

[活动过程与步骤]

活动环节一：引导学生找到自己班的位置，并表达"老师，我们是××班"

1. 老师引导学生找到自己班的位置。

2. 老师提示学生表达"我们是什么班？"学生表达"××班"。

3. 老师教学生辨认班级的名称：××班。

4. 不能用语言表达的学生，要学习用动作表达，如用手指班级位置。

活动环节二：老师指导学生按规定的间隔站好

1. 老师提出做操的站位规范：在广场，两个黑砖之间站3人；在大堂，每个黑砖站1人。

2. 在老师的示范和提示下，学生按要求站在指定的位置。

3. 如果学生未找到自己的站位，老师给予其协助。

4. 学生站好后，老师提醒学生保持安静。

[活动建议]

1. 由于低重年级学生的各项规范正在建立当中，老师要制订好班级的做操规范。

2. 对于做操规范未建立的学生，每次的课间操活动老师都要进行训练。

3. 低重年级学生的代币意识仍在建立之中，老师要根据学生的能力水平采用不同方式的奖励。

[活动评估]

学生姓名：	能否按目标做到。 说明：1. 能主动做到记"2"；2. 提示下能做到记"1"；3. 不能做到记"0"
目　标	掌握情况
1. 在老师的引导下，学生能找到自己班级的做操位置	
2. 在老师的指导下，学生能按规定的间隔站好	

第 3 课　能模仿老师做操

[活动目标]

1. 在老师的引导下，有语言能力的学生跟着老师读《品操》。

2. 在老师的引导下，学生跟着老师做操。

3. 在老师的协助下，学生能动起来。

[指导语]

1. 跟着老师读词。

2. 读得很清楚。

3. 跟着老师做动作。

[活动准备]

1. 场地：广场，大堂。

2. 强化物：零食，代币。

[活动过程与步骤]

活动环节一：引导学生跟着老师读《品操》的词

1. 做操开始，老师边做操边读词。

2. 老师引导学生一起读《品操》。

3. 学生能模仿读词，老师立即口头表扬学生："××同学，你读得很清楚。"

4. 学生不懂得读词，老师用夸张的嘴型带着学生读词。

活动环节二：老师带领学生做《品操》

1. 老师边读词边做操，表达"跟着老师动起来"。

2. 在老师的示范和提示下，学生能跟着做。

3. 如果学生还没有动起来，老师给予动作协助，再引导学生跟着做。

4. 学生能跟着做，老师立即口头表扬学生："××同学，你做得很好。"

活动环节三：老师检查学生的做操情况，并适时给予协助

1. 做操过程，老师边示范做操和读词，边观察学生的做操情况。

2. 学生未能跟着做操、读词，老师给予动作协助，并引导读词。

［活动建议］

1.由于低重年级学生的各项规范正在建立当中，老师要制订好班级的做操规范。

2.对于做操规范仍未建立的学生，老师在做课间操时都要进行训练。

3.由于低重年级学生的代币意识仍在建立之中，老师要根据学生的能力程度采用不同方式的奖励。

［活动评估］

学生姓名：	能否按目标做到。 说明：1.能主动做到记"2"；2.提示下能做到记"1"；3.不能做到记"0"
目　　标	掌握情况
1.在老师的引导下，有语言能力的学生跟着老师读《品操》	
2.在老师的引导下，学生跟着老师做操	
3.在老师的协助下，学生跟着做操	

第4课　在老师的提示下集队，并返回教室

［活动目标］

1.在主持老师的引导下，学生向前集队。

2.在老师的引导下，学生排队返回教室。

［指导语］

1.注意听。

2.踏步，向前靠拢。

3.排好队，回教室。

[**活动准备**]

1. 场地：广场，大堂，教室。

2. 强化物：零食，代币。

[**活动过程与步骤**]

活动环节一：引导学生注意听主持老师的口令

1. 在老师的提示下，学生注意听主持老师的口令。

2. 主持老师说："稍息。"老师提示学生把脚打开，与肩同宽，并把双手交叠背在身后。

3. 主持老师说："立正。"老师提示学生双脚小八字站好，双手自然放在身体两侧。

4. 主持老师说："向前靠拢。"老师提示学生踏步向前，与前一个同学保持半臂距离。

5. 主持老师说："立定。"老师提示学生停止踏步，立正站好。

6. 主持老师说："解散。"老师要求学生在原地等候。

7. 老师对学生是否能注意听给予简要的评价，及时鼓励注意听口令的学生。

活动环节二：老师带领学生返回教室

1. 在老师的提示下，学生排队。

2. 学生还未排好队时，老师协助学生排好队，再返回教室。

3. 对于能遵守做操规范的学生，老师奖励零食或代币。

[**活动建议**]

1. 由于低重年级学生的各项规范正在建立当中，老师要制订好班级的做操规范。

2. 对于做操规范仍未建立的学生，老师在课间操活动都要进行训练。

3. 由于低重年级学生的代币意识仍在建立之中，老师要根据学生的能力程度采用不同方式的奖励。

［活动评估］

学生姓名：	能否按目标做到。 说明：1. 能主动做到记"2"；2. 提示下能做到记"1"；3. 不能做到记"0"
目 标	掌握情况
1. 在主持老师的引导下，学生向前集队	
2. 在老师的引导下，学生排队返回教室	

中年级

［目标说明］

课间操是我校 40 分钟课间活动的一项，利用这一真实的活动场景，训练学生快速集队，能找到自己的站位，努力控制动作等，同时培养学生懂守时、注意听等品质。

课间操分为低重、中、高等三个年级阶段，每个年级阶段训练的侧重点有所不同。中年级学生，具备了一定的服从、互动能力。利用课间操这一真实活动载体，训练学生听到《运动员进行曲》响起，能在老师的提示下集队迅速到达做操场地、找到自己的位置，做操前，能保持安静、能跟着课间操音乐边读词边做操等，为下一步高年级的课间操活动打下基础。

第1课　《运动员进行曲》响起，能在老师的提示下排队到达做操场地

［活动目标］

1. 在老师的提示下，学生能排好队。

2. 在老师的提示下，学生能迅速到达做操场地。

［指导语］

1. 听听，什么音乐响了？

2. 要做操了，请排队。

3. 动作要快。

［活动准备］

1. 场地：上课场地。

2. 强化物：零食，代币。

［活动过程与步骤］

活动环节一：提示学生听到《运动员进行曲》，就要排队

1. 下课了，《运动员进行曲》响起，老师提醒学生："在播什么音乐？"

2. 有学生能表达"做操啦"，老师立即给予口头表扬。

3. 如果学生不懂得排队，老师则告诉学生"要排队"。

4. 老师引导学生在指定的位置排队。

活动环节二：引导学生在行走时要排队

1. 行进时，老师引导小组长在每层楼梯前整队。

2.在老师的提示下，学生排队前往做操的位置。

［活动建议］

1.由于中年级学生的各项规范在巩固中，老师要形成班级的做操规范。

2.对于做操规范仍未建立的学生，老师在每次课间操都要进行训练。

3.由于中年级学生有一定的代币兑换意识，老师根据学生的能力程度延长奖励的兑换时间。

［活动评估］

学生姓名：	能否按目标做到。 说明：1.能主动做到记"2"；2.提示下能做到记"1"；3.不能做到记"0"
目　　标	掌握情况
1.在《运动员进行曲》结束前，学生能找到班级的位置	
2.学生能按排队的顺序，找到自己的位置站好	

第2课　在《运动员进行曲》结束前，能找到自己的位置

［活动目标］

1.在《运动员进行曲》结束前，学生能找到班级的位置。

2.学生能按排队的顺序，找到自己的位置站好。

［指导语］

1.找一找，我们班应该站在哪里？

2.再找一找，自己要站在哪里？

3.按间隔站好。

［活动准备］

1. 场地：广场，大堂。

2. 强化物：零食，代币。

［活动过程与步骤］

活动环节一：在《运动员进行曲》结束前，学生能找到班级的位置

1. 学生排队到达做操的场地，老师提示学生"找找我们班的位置"。

2. 学生自行找班级的位置。待学生找到后，老师给予确认。

3. 不能用语言表达的学生用动作表达，如用手指班级位置。

活动环节二：学生能按排队的顺序，找到自己的位置站好

1. 老师提示学生"请找到自己的位置"。

2. 学生按要求找自己的位置。

3. 学生能找到自己的站位，老师立即给予口头表扬"××同学能找到位置，表扬！"

4. 学生未找到自己的站位，老师给予提示。

［活动建议］

1. 由于中年级学生的各项规范正在巩固中，老师要坚持班级的做操规范，并形成习惯。

2. 对于做操规范仍未建立的学生，老师在每次课间操时都要进行训练。

3. 由于中年级学生有一定的代币兑换意识，老师要根据学生的能力程度延长兑换奖励的时间。

[活动评估]

学生姓名：	能否按目标做到。 说明：1. 能主动做到记"2"；2. 提示下能做到记"1"；3. 不能做到记"0"
目　标	掌握情况
1. 做操前，学生能在自己的位置站好	
2. 在老师的提示下，学生能保持安静	

第3课　做操前，能保持安静

[活动目标]

1. 做操前，学生能在自己的位置站好。

2. 在老师的提示下，学生能保持安静。

[指导语]

1. 请站好。

2. 请安静，认真听。

[活动准备]

1. 场地：广场，大堂。

2. 强化物：零食，代币。

[活动过程与步骤]

活动环节一：做操前，学生能在自己的位置站好

1. 老师检查学生是否找到自己的位置。

2. 学生找到自己的位置后，能站好，不随意跑动。

3. 学生能做到，老师立即口头表扬。

4. 如果学生不能在自己的位置站好，老师立即给予提示："请在自己的位置站好。"

活动环节二：在老师的提示下，学生能保持安静

1. 做操前，老师提醒学生："请安静，注意听。"

2. 学生能做到，老师立即口头表扬学生："×× 同学，很认真听 。"

3. 学生不能保持安静，老师立即给予"安静"的动作提示。

4. 学生能安静下来，老师竖起大拇指表扬。

[活动建议]

1. 由于中年级学生的各项规范正在巩固中，老师要坚持班级的做操规范，并形成习惯。

2. 对于做操规范仍未建立的学生，老师在每次课间操活动都要进行训练。

3. 由于中年级学生有一定的代币兑换意识，老师要根据学生的能力延长兑换建立的时间。

[活动评估]

学生姓名：	能否按目标做到。 说明：1. 能主动做到记"2"；2. 提示下能做到记"1"；3. 不能做到记"0"
目　标	掌握情况
1.《品操》音乐响起，有语言能力的学生跟着读词	
2. 学生跟着《品操》音乐做操	

第4课　能跟着课间操音乐边读词，边做操

［活动目标］

1.《品操》音乐响起，有语言能力的学生跟着读词。

2. 学生跟着《品操》音乐做操。

［指导语］

1. 跟着广播读词。

2. 读得很清楚。

3.××同学会自己做操。

［活动准备］

1. 场地：广场，大堂。

2. 强化物：零食，代币。

［活动过程与步骤］

活动环节一：学生跟着《品操》音乐读词

1. 做操开始，学生边做操边读词。

2. 学生能自己做，老师立即口头表扬。

3. 学生读词不够清晰，老师用夸张的口型重复读，并引导学生跟着读。

4. 学生做操动作不够准确，老师则引导学生注意看老师的示范。

5. 学生在老师的示范下，能跟着做，老师立即口头表扬。

活动环节二：学生做《品操》

1. 做操过程，老师观察学生做操的情况。

2.学生能跟着边做操、边读词，老师立即口头表扬。

3.学生不能边做操边读词，老师提示："跟着广播读词，跟着老师做动作。"

4.在老师的提示下，学生能跟着做，老师立即口头表扬。

［活动建议］

1.由于中年级学生的各项规范正在巩固中，老师要坚持班级的做操规范，并形成习惯。

2.对于做操规范仍未建立的学生，老师在每次课间操时都要进行训练。

3.由于中年级学生有一定的代币兑换意识，老师要根据学生的能力延长兑换奖励的时间。

［活动评估］

学生姓名：	能否按目标做到。 说明：1.能主动做到记"2"；2.提示下能做到记"1"；3.不能做到记"0"
目　　标	掌握情况
1.注意听主持老师的口令，学生作出相应的动作	
2.学生排好队返回教室	

第 5 课　能迅速集队，并返回教室

［活动目标］

1.听主持老师的口令，学生做出相应的动作。

2.学生排好队返回教室。

［指导语］

1. 注意听。

2. 踏步，向前靠拢。

3. 请排好队，回教室。

［活动准备］

1. 场地：广场，大堂，教室。

2. 强化物：零食，代币。

［活动过程与步骤］

活动环节一：学生注意听主持老师的口令，并做出相应的动作

1. 老师引导学生注意听主持老师的口令。

2. 主持老师说："稍息。"学生把脚打开，与肩同宽，把双手交叠背在身后。

3. 主持老师说："立正。"学生双脚小八字站好，双手自然放在身体两侧。

4. 主持老师说："向前靠拢。"学生踏步向前，与前一个同学保持半臂距离。

5. 主持老师说："立定。"学生停止踏步，立正站好。

6. 主持老师说："解散。"学生在原地排队等候。

活动环节二：学生排好队返回教室

1. 老师检查学生的队伍情况。

2. 学生排好队，老师示意学生可以返回教室。

3. 学生还未排好队，老师提示学生重新整理队伍，再返回教室。

4.回到教室后，老师对课间操进行小结，并进行奖励。

［活动建议］

1.由于中年级学生的各项规范正在巩固中，老师要坚持班级的做操规范，并形成习惯。

2.对于做操规范仍未建立的学生，老师在每次课间操时都要进行训练。

3.中年级学生有一定的代币兑换意识，老师要根据学生的能力适当延长兑换时间。

［活动评估］

学生姓名：	能否按目标做到。 说明：1.能主动做到记"2"；2.提示下能做到记"1"；3.不能做到记"0"
目　标	掌握情况
1.听到音乐，学生能分辨出是《运动员进行曲》	
2.听到《运动员进行曲》，学生能自觉排队	

高年级

［目标说明］

课间操是我校40分钟课间活动的其中一项，利用这一真实的活动场景，训练学生自觉快速集队、能准时在自己的位置站好、努力控制身体做动作等，同时加强学生的自我意识。

课间操分为低重、中、高等三个年级阶段，其训练的侧重点有所不同。高年级学生，具备了较好的服从、互动能力。在这一阶段，利用课间操的真实活动载体，培养学生的自主性，训练学生听到《运动员进行曲》响起，能自觉快速集队，能在《运动员进行曲》结束前，在自己的位置站好、努力控制身体做动作等。

第 1 课　听到《运动员进行曲》，能自觉排队

［活动目标］

1. 听到音乐，学生能分辨出是《运动员进行曲》。

2. 听到《运动员进行曲》，学生能自觉排队。

［指导语］

1. 这是什么音乐？《运动员进行曲》。

2. ×× 同学，自觉排队。

［活动准备］

1. 场地：上课场地。

2. 强化物：零食，代币。

［活动过程与步骤］

活动环节一：听到音乐，学生能分辨出是《运动员进行曲》

下课了，音乐响起，如果有学生能表达："《运动员进行曲》响了，要做操。"老师给予回应："你听得很清楚，是进行曲，我们要做操了。"

活动环节二：听到《运动员进行曲》，学生能自觉排队

1. 老师在走廊等候，观察学生自行排队的情况。

2. 学生排队慢，老师不给予任何评价，只是提示小组长"排队慢了"。

3. 小组长整队，组织学生前往做操的位置。

4. 根据学生准时与迟到，老师在做操后给予反馈。

［活动建议］

1. 高年级学生已经形成各项活动规范,活动过程,尽量让学生自觉参与。

2. 老师根据活动的结果与学生进行讨论，做出下一步改进的做法。

［活动评估］

学生姓名：	能否按目标做到。 说明：1. 能主动做到记"2"；2. 提示下能做到记"1"；3. 不能做到记"0"
目　标	掌握情况
1. 听到音乐，学生能分辨出是《运动员进行曲》	
2. 听到《运动员进行曲》，学生能自觉排队	

第 2 课　能准时在自己的位置站好

［活动目标］

1. 在《运动员进行曲》结束前，学生能找到班级的位置。

2. 学生按规定的要求在自己的位置站好。

［指导语］

1. 能找到位置。

2. ×× 同学能在自己的位置站好。

［活动准备］

1. 场地：广场，大堂。

2. 强化物：零食，代币。

［活动过程与步骤］

活动环节一：在《运动员进行曲》结束前，学生能找到班级的位置

1. 行进时，老师观察学生是否排好队。

2. 学生找自己班级的位置。

3. 如果学生找到班级位置，老师不给予评价；个别学生未能找到位置，老师给予协助。

活动环节二：学生按规定的要求在自己的位置站好

1. 找到班级位置，要求学生找到自己做操时的站位。

2. 如果学生能按要求站好，老师竖起大拇指表扬。

3. 待学生站好后，老师对学生行动给予简要评价。

［活动建议］

1. 高年级的学生，已经形成各项活动规范。

2. 活动过程，尽量让学生自觉参与。

3. 老师根据活动的结果与学生进行讨论，做出下一步改进的做法。

［活动评估］

学生姓名：	能否按目标做到。 说明：1. 能主动做到记"2"；2. 提示下能做到记"1"；3. 不能做到记"0"
目 标	掌握情况
1. 在《运动员进行曲》结束前，学生能找到班级的位置	
2. 学生按规定的要求在自己的位置站好	

第 3 课　做形体训练时，能努力控制身体做动作

[活动目标]

1. 注意听口令。

2. 跟着主持老师做形体训练。

3. 努力控制身体做动作。

[指导语]

1. 注意听。

2. 跟着老师做。

3. 努力控制，坚持。

[活动准备]

1. 场地：广场，大堂。

2. 强化物：零食，代币。

[活动过程与步骤]

活动环节一：注意听口令

1. 做完《品操》，学生要注意听主持老师的口令。

2. 学生跟着主持老师的口令，做稍息、立正等动作。

3. 老师对注意听，认真做的学生给予口头表扬。

活动环节二：跟着主持老师做形体训练

1. 注意听主持老师的口令，认真看主持老师的动作。

2. 跟着主持老师做形体训练。

3. 学生不能做到，老师给予动作协助，再引导学生跟着做。

4. 学生能跟着做，老师给予口头表扬。

活动环节三：学生努力控制身体做动作

1. 做形体训练，老师鼓励学生坚持一定的时间。

2. 学生不能坚持做一定的时间，老师在旁给予动作协助。

［活动建议］

1. 高年级的学生，已经形成各项活动规范，活动过程，尽量让学生自觉参与。

2. 老师根据活动的结果与学生进行讨论，做出下一步改进的做法。

［活动评估］

学生姓名：	能否按目标做到。 说明：1. 能主动做到记"2"；2. 提示下能做到记"1"；3. 不能做到记"0"
目　　标	掌握情况
1. 注意听主持老师的口令	
2. 跟着主持老师做形体训练	
3. 学生努力控制身体做动作	

第四章 上下楼梯

低重年级

[目标说明]

上下楼梯是一种学生在校园学习中能够多次重复体验的活动，且不限于课间活动。上下楼梯在课间操时段显得更为重要，所以将上下楼梯的教育活动放在40分钟课间当中。利用上下楼梯的真实活动场景，训练学生排队，一个跟着一个靠右上下楼梯，同时训练学生在楼梯间保持安静，或小声说话。

上下楼梯分为低重、中、高等三个年级阶段，每个年级阶段训练的侧重点有所不同。由于低重年级学生的服从、互动能力未建立，规范意识薄弱，在这一阶段利用上下楼梯的真实活动载体，训练学生服从老师指令，在老师的协助下排队、在老师的指导下等候上下楼梯，上下楼梯时一个跟着一个，靠右扶着扶手上下楼梯，为下一步中高年级的上下楼梯活动打下基础。

第1课　在每个楼层的楼梯前，能排队等候

［活动目标］

1. 在老师的引导下，不懂排队的学生能够跟着班级的同学排队等候。

2. 在老师的引导下，在每个楼层的楼梯前，学生能排队等候。

［指导语］

1. ××同学，过来排队。

2. 上下楼梯的时候，要靠右边，一个跟着一个走。

3. ××同学，等一等。

［活动准备］

1. 场地：各楼层的楼梯口。

2. 教具：在各楼层楼梯口贴好等候的红线。

3. 强化物：零食，代币。

［活动过程与步骤］

活动环节一：排队，等全班人到齐了再走

1. 下课铃响了，老师组织学生在教室门口排队。

2. 等学生排好队，老师清点学生人数，如还有个别学生未到，教师引导排好队，等人齐再走。

3. 等候时，学生在自己的位置上排好队。

活动环节二：到了楼梯口，要排队等候

1. 老师组织学生在教室门口排队。

2.走到楼梯口，看到很多同学正在下楼梯，提示学生多人下楼梯时，我们要排队等一等。

3.学生能够停下来排队等候，老师给予竖大拇指赞赏。

4.学生不懂得排队等候，老师要采用引导和协助的方式，让学生练习排队等候。

5.老师组织学生靠右下楼梯。

活动环节三：我会上楼梯

1.课间操结束，学生来到楼梯口。

2.老师引导学生要等一等，再有序上楼梯。

3.对不能按要求等候的学生，老师要给予引导。

4.回到班级门口，老师及时表扬做得好的学生。

［活动建议］

1.由于低重年级学生的各项规范正在建立中，老师要制订上下楼梯的规范。

2.对于上下楼梯规范仍未建立的学生，老师要在每次上下楼梯时都进行训练。

3.由于低重年级学生的代币兑换意识仍在建立之中，老师要根据学生的能力程度采用不同的方式进行奖励。

［活动评估］

学生姓名：	能否按目标做到。 说明：1.能主动做到记"2"；2.提示下能做到记"1"；3.不能做到记"0"
目　标	掌握情况
1.在老师的引导下，学生在班级门口能排队	
2.在老师的引导下，学生在楼梯口能排队等候	

第2课　上下楼梯时，在老师的提示下
能手扶扶手，靠右边走

［活动目标］

1. 在老师的帮助下，上下楼梯时，学生能靠右边走，并扶好扶手。

2. 在老师的言语引导下，上下楼梯时，学生能靠右边走，并扶好扶手。

［指导语］

1. × × 同学，扶好扶手。

2. 这边是右边。

3. 手扶着扶手。

4. 靠右边走。

［活动准备］

1. 场地：楼梯。

2. 教具：每个学生一个手环。

3. 强化物：零食，代币。

［活动过程与步骤］

活动环节一：扶扶手下楼梯

1. 学生排队来到楼梯口。

2. 在楼梯口，老师示范把手放在扶手上，靠右边上下楼梯。

3. 老师让每个学生练习下楼梯。

4. 懂得用手扶好扶手的学生，老师及时奖励一个小零食。

5. 不懂扶好扶手的学生，老师给予协助。

活动环节二：靠右走，我能行

1. 老师组织学生排好队来到楼梯口。

2. 老师示范举起右手，学生跟着做。

3. 老师给做得对的学生戴上手环，说："这是右边。"没有做对的学生暂时不给手环。

4. 等到每个学生都戴上手环，老师组织学生练习下楼梯。

5. 能够做到手扶好扶手的学生，老师给予奖励。

6. 没有扶好扶手的学生，老师给予提醒或协助。

活动环节三：扶好扶手，靠右走

1. 在下楼时，老师给学生提要求：靠右走，扶好扶手。

2. 老师让学生一层楼一层楼地练习下楼梯。

3. 学生在每一层楼都能做到靠右边，扶好扶手，老师及时给予奖励。

4. 学生在每层楼未能做到靠右边，扶好扶手，老师给予协助。

5. 到了首层，老师对学生的表现给予反馈。

［活动建议］

1. 由于低重年级学生的各项规范正在建立中，老师要制订上下楼梯靠右边走，扶好扶手的规范。

2. 对于上下楼梯手扶扶手、靠右走的规范仍未建立的学生，老师要利用每次上下楼梯的机会进行加强训练。

3. 由于低重年级学生的代币兑换意识在建立之中，老师要根据学生的能力采用多种方式的奖励。

[活动评估]

学生姓名：		能否按目标做到。 说明：1. 能主动做到记"2"；2. 提示下能做到记"1"；3. 不能做到记"0"
目　标		掌握情况
1. 在老师的帮助下，学生上下楼梯能够靠右边走，并扶好扶手		
2. 在老师的言语引导下，学生能靠右边走，并扶好扶手		

第3课　上下楼梯时，能保持安静

[活动目标]

1. 在老师的引导下，学生在上下楼梯时保持安静。

2. 在老师的引导下，学生在上下楼梯时，能够不大声喧哗，小声说话。

[指导语]

1. ×× 同学，小声点。

2. ×× 同学，你没有说话，很安静。

3. 上下楼梯，要安静。

[活动准备]

1. 场地：楼梯，资源中心。

2. 教具：玩具。

3. 强化物：零食，代币。

[活动过程与步骤]

活动环节一：下楼梯不说话

1. 全班同学排队来到楼梯口。

2. 老师引导学生在上下楼梯时，要保持安静，不许说话。

3. 开始训练阶段，老师在每层楼时给予评价：能做到要求的学生获得奖励。

4. 随着练习时间的增加，老师提高要求：三层楼走完，才能说话。

5. 学生进行练习，老师观察。

6. 练习结束，老师依据学生的表现给予不同的奖励。

活动环节二：借玩具

1. 老师提出去资源中心借玩具，吸引学生的兴趣。

2. 老师提示学生在上下楼梯时，要保持安静，不说话。

3. 行进过程中，在上下楼梯时，学生能够做到要求，老师允许学生借玩具。

4. 行进过程中，未能做到要求的学生，不能够借到玩具。

5. 老师组织学生回教室。

6. 上下楼梯时能够保持安静不说话的学生，回教室可以玩玩具。

7. 未能保持安静的学生，回教室后要安静一分钟后才可以玩。

活动环节三：安静下楼梯，还玩具

1. 玩玩具结束后，老师组织学生还玩具。

2. 上下楼梯时，学生能够保持安静，老师口头表扬。未能保持安静的学生，老师给予"嘘"的动作提示。

3. 回到教室，老师对上下楼梯能够保持安静的学生进行食物奖励。

[活动建议]

1. 由于低重年级学生的各项规范正在建立中，老师要制订上下楼梯保持安静的规范。

2. 对于上下楼梯靠右走的规范仍未建立的学生，老师要利用上下楼梯进行加强训练。

3. 由于低重年级学生的代币兑换意识仍在建立之中，老师要根据学生的能力采用多种方式的奖励。

[活动评估]

学生姓名：	能否按目标做到。 说明：1. 能主动做到记"2"；2. 提示下能做到记"1"；3. 不能做到记"0"
目　标	掌握情况
1. 在老师的引导下，学生在上下楼梯时能保持安静	
2. 在老师的引导下，学生在上下楼梯时，能够不大声喧哗，小声说话	

第 4 课　多人上楼梯时，在老师的提示下能排队等候

[活动目标]

1. 在老师的引导下，不懂排队的学生能够跟着同学排队等候。

2. 在老师的引导下，学生在楼梯口能排队等候。

[指导语]

1. ××同学，排队。

2. 我们等一等再上楼。

3. ××同学，等一下。

4. 请排队等候!

［活动准备］

1. 场地：各楼层楼梯。

2. 教具：无。

3. 强化物：零食，代币。

［活动过程与步骤］

活动环节一：排队，等人齐了再走

1. 下课铃响了，老师组织学生在教室门口排队。

2. 老师清点学生人数，如人未齐，老师提示："人还没齐。"

3. 人齐后，老师引导："人齐了可以走了。"

活动环节二：到了楼梯口要排队等候

1. 走到楼梯口，看到很多同学正在下楼梯。老师引导学生："很多人，要排队等候。"

2. 学生能够停下来排队等候，老师给予口头表扬。

3. 学生不懂得等候，老师要给予引导或协助。

活动环节三：安全上楼梯

1. 课间操结束，老师组织学生来到楼梯口。

2. 当很多人上楼时，老师引导学生排队等候。

3. 对能够表达并能够排队等候的学生，老师及时予以奖励。

4. 对于没有做到的学生，老师给予提醒或协助。

5. 回到教室，老师给予评价，及时反馈。

［活动建议］

1. 由于低重年级学生的各项规范在建立中，老师要制订上下楼梯排队等候的规范。

2. 对于上下楼梯靠右走的规范仍未建立的学生，老师要利用上下楼梯进行加强训练。

3. 由于低重年级学生的代币兑换意识仍在建立之中，老师要根据学生的能力采用不同方式的奖励。

［活动评估］

学生姓名：	能否按目标做到。 说明：1.能主动做到记"2"；2.提示下能做到记"1"；3.不能做到记"0"
目　标	掌握情况
1.在老师的提示下，多人上楼梯时，学生能排队等候	
2.多人上楼梯时，学生能排队等候	

中年级

［目标说明］

上下楼梯是学生在校园学习中，能够多次重复体验的一种活动，且不限于课间活动。在课间活动中，上下楼梯在课间操时段显得更为重要，因而将上下楼梯的教育活动放在40分钟课间当中。利用上下楼梯的真实活动场景，训练学生排队，一个跟着一个靠右上下楼梯、在楼梯间保持安静或小声说话等。

上下楼梯分低重、中、高等三个年级阶段，每个年级阶段训练的侧重点有所不同。中年级学生，具备了一定的服从、互动能力。在这一阶段，利用上下楼梯这一真实活动载体，训练学生在学生队长的提示下排队等候、上下楼梯时一个跟着一个，靠右扶着扶手上下楼梯，在楼梯间保持安静。这一阶段训练完成后，学生要服从老师、学生队长的指令上下楼梯，为下一步高年级的上下楼梯活动打下基础。

第1课　班长在每个楼层的楼梯前，能组织同学排队

［活动目标］

1. 在老师的引导下，班长在每个楼层的楼梯前，组织学生排队。
2. 在班长的引导下，学生在楼梯口能排队等候。

［指导语］

1. 请排队。
2. 班长要组织同学排队。
3. 上下楼梯时，要排队等候，再靠右上下楼梯。

［活动准备］

1. 场地：各楼层的楼梯口。
2. 强化物：零食，代币。

［活动过程与步骤］

活动环节一：排队，等全班人到齐了再走

1. 下课铃响了，老师示意，班长组织学生在教室门口排队。
2. 等学生排好队，请班长清点学生人数。

3. 人未齐时，学生要安静等候。

4. 人齐了，一起排队走。

活动环节二：下楼，要排队等候

1. 班长组织学生排队下楼梯。

2. 当楼梯口有很多人时，老师引导班长及时地停下来等候。

3. 未能做到等候的学生，老师给予批评或扣除代币。

4. 轮候到了，班长带领同学们靠右边，扶好扶手下楼梯，前往目的地。

活动环节三：安全上楼

1. 活动结束，老师让班长组织同学排队回教室。

2. 楼梯口人多时，班长组织同学排队等候。

3. 学生能够听从班长指令排队等候，老师及时地给予奖励。

4. 未做到安静等候的学生，老师给予批评或扣除代币。

5. 轮候到了，班长带领同学回到教室。

［活动建议］

1. 中年级学生已有一定的基本规范，老师可以通过培养班干部来协助管理。

2. 对于上下楼梯未能做到自觉排队等候的学生，老师要利用上下楼梯的机会对其进行加强训练。

3. 由于中年级学生的代币交换意识已基本建立，老师要根据学生的能力程度培养班干部管理代币，对表现好的学生进行代币奖励。

[活动评估]

学生姓名：	能否按目标做到。 说明：1.能主动做到记"2"；2.提示下能做到记"1"；3.不能做到记"0"
目　标	掌握情况
1. 在班长的言语提示下，学生在楼梯口能排队等候	
2. 在每个楼梯前，班长懂得组织学生在楼梯口能排队等候	

第 2 课　上下楼梯时，能手扶扶手，靠右边走

[活动目标]

1. 在老师的言语提示下，上下楼梯时，学生能手扶扶手，靠右边走。

2. 上下楼梯时，学生能够做到自觉手扶扶手，靠右边走。

[指导语]

1. ×× 同学，手扶着扶手。

2. 这边是右边。

3. 请把手放在扶手上。

4. 靠右边走。

[活动准备]

1. 场地：楼梯。

2. 教具：每个学生一个手环。

3. 强化物：零食，代币。

[活动过程与步骤]

活动环节一：扶扶手下楼梯

1. 班长组织同学排队。

2. 来到楼梯口，班长带领同学靠右边下楼梯。

3. 老师在旁边观察，学生能够手扶着扶手并靠右走时，立即给予口头表扬。

4. 未能做到靠右边走，并扶好扶手的学生，老师给予提醒："××同学，请把手放在扶手上。"

5. 到达一楼，坚持做到手扶扶手的学生，老师给予奖励。

6. 未能做到的学生，老师给予提示："下次做到有得奖。"

活动环节二：靠右走，我能行

1. 老师给学生提要求："上下楼梯能够做到靠右走，就有得奖。"

2. 学生排好队后，从一楼上到二楼。

3. 老师根据观察情况，给予相应的奖励。

4. 学生排好队后，从二楼上到三楼。

5. 老师观察，对能靠右边走的学生给予奖励。

6. 老师提高要求：从三楼下到一楼，坚持做到靠右边走的学生能获得奖励。

7. 学生排好队后，靠右边下楼梯。

8. 老师观察，中间不给予提醒。

9. 学生走到一楼，老师进行评价，并给予相应的奖励。

活动三：手扶扶手，靠右走

1. 回教室前，老师提出兑换食物，以此吸引学生的兴趣。

2. 老师提出要求：靠右上楼梯，手扶好扶手。

3. 学生排队回教室，老师在旁边观察。

4. 回到教室，老师及时对上楼梯的情况进行点评，并组织兑换食物。

[活动建议]

1. 由于中年级学生已建立基本的各项规范，老师要巩固上下楼梯靠右走的规范。

2. 对于上下楼梯靠右走的规范仍未建立的学生，老师要利用上下楼梯的活动进行加强训练。

3. 由于中年级学生的代币交换意识已经建立，老师要根据学生的能力程度采用不同方式的奖励。

[活动评估]

学生姓名：	能否按目标做到。 说明：1. 能主动做到记"2"；2. 提示下能做到记"1"；3. 不能做到记"0"
目　　标	掌握情况
1. 在老师的言语提示下，学生上下楼梯能够手扶扶手	
2. 上下楼梯时，学生懂得手扶扶手并靠右边走	

第3课　能自觉保持安静，不推拉打闹

[活动目标]

1. 在老师的引导下，上下楼梯时，学生能保持安静，不推拉打闹。

2. 上下楼梯时，学生自觉保持安静，不推拉打闹。

［指导语］

1. 请安静。

2. 上下楼梯，不可以推拉打闹。

［活动准备］

1. 场地：楼梯。

2. 强化物：糖果，饼干，代币。

［活动过程与步骤］

活动环节一：下楼梯，保持安静

1. 老师让班长组织全班同学排队。

2. 走到楼梯口，老师引导学生下楼梯要保持安静，不许推拉打闹。

3. 学生下楼梯，老师在旁观察。

4. 能够保持安静的学生，老师给予口头表扬或竖起大拇指。

活动环节二：课间借玩具，上下楼梯不推拉打闹

1. 课间，老师提出借玩具的活动，吸引学生的兴趣。

2. 老师组织学生前往资源中心。

3. 在下楼梯时，老师提示学生要保持安静，不许推拉打闹。

4. 能保持安静的学生，可以先借玩具。

5. 未能做到的学生，要保持安静三分钟不说话才可以借玩具。

6. 借完玩具，老师组织学生回教室。

7. 上下楼梯时能够保持安静不说话的学生，老师给予竖大拇指的鼓励。

8. 学生回到班级后，组织学生玩玩具。

活动三：还玩具

1. 学生玩完玩具，老师组织学生排队，去还玩具。

2. 上下楼梯时，学生能够保持安静，老师给予口头表扬或竖起大拇指。

3. 对于吵闹的学生，老师给予提示。

4. 学生还完玩具后，老师组织学生回教室。

5. 上楼梯时，老师对能保持安静的学生给予口头表扬。

［活动建议］

1. 由于中年级学生已建立基本的行为规范，老师在每次上下楼梯时仍要继续巩固保持安静，不推拉打闹的行为规范。

2. 对于上下楼梯未能自觉排队等候的学生，老师要紧跟身后，给予其协助。

3. 由于中年级学生已建立基本的代币意识，老师要根据学生的能力程度进行代币制的使用。

［活动评估］

学生姓名：	能否按目标做到。说明：1. 能主动做到记"2"；2. 提示下能做到记"1"；3. 不能做到记"0"
目　　标	掌握情况
1. 在老师的引导下，学生在上下楼梯时保持安静，不推拉打闹	
2. 上下楼梯时，学生能够保持安静，不推拉打闹	

第4课 多人上下楼梯时，能自觉排队等候

[活动目标]

1. 在老师的引导下，多人上楼梯时，学生能排队等候。

2. 多人上下楼梯时，学生自觉排队等候。

[指导语]

1. 很多人，停下来等一等。

2. 懂得排队等候，是有礼貌的！

[活动准备]

1. 场地：楼梯。

2. 强化物：零食，代币。

[活动过程与步骤]

活动环节一：排队，等人齐了再走

1. 下课铃响了，学生在教室门口排队。

2. 学生排好队，老师示意班长清点学生人数。

3. 人未齐，学生排好队等候。

4. 人齐了，班长带领同学前行。

活动环节二：到了楼梯口，要排队等候

1. 走到楼梯口，很多同学在下楼梯。

2. 老师不做提示，观察学生是否能排队等候。

3. 学生能够排队等候，老师在旁继续跟随，不做评价。

4.学生不能够排队等候，老师给予提示：很多人，要排队等候。

5.轮候到了，学生下楼梯。

6.下楼梯时，学生能保持安静，不推拉打闹，老师不做评价。

7.学生出现喧哗、打闹等情况，老师给予提醒。

活动环节三：安全上楼梯

1.返回教室前，老师组织学生来到楼梯口。

2.楼梯口有很多人时，学生懂得排队等候，老师给予口头表扬。

3.学生未能做到排队等候，老师给予提醒。

4.轮候到了，学生排队上楼梯。

5.回到教室，老师及时强化。

［活动建议］

1.由于中年级学生已建立基本的行为规范，老师仍要在每次的上下楼梯继续巩固保持安静、不推拉打闹等行为规范。

2.对于上下楼梯未能自觉排队等候的学生，老师要利用每次上下楼梯的机会给予协助。

3.由于中年级学生已建立代币交换意识，老师根据学生的能力程度提高代币制的使用。

［活动评估］

学生姓名：	能否按目标做到。 说明：1.能主动做到记"2"；2.提示下能做到记"1"；3.不能做到记"0"
目　　标	掌握情况
1.多人上下楼梯时，学生在老师的引导下能排队等候	
2.多人上下楼梯时，学生自觉排队等候	

高年级

[目标说明]

上下楼梯是学生在校园学习中，能够多次重复体验的一种活动，且不限于课间活动。在课间活动课程中，上下楼梯在课间操时段显得更为重要，须将上下楼梯的教育活动放在 40 分钟课间当中。利用上下楼梯这一真实的活动场景，训练学生排队、一个跟着一个靠右上下楼梯、在楼梯间保持安静，或小声说话等行为规范，建立良好的行为习惯。

上下楼梯分为低重、中、高等三个年级阶段，每个年级阶段训练的侧重点有所不同。高年级学生，具备了相对较好的服从、互动能力。在这一阶段，以上下楼梯这一真实活动载体，培养学生的自主性，训练学生主动跟随班级队伍有序上下楼梯，多人上下楼梯时懂得等候，在楼梯间保持安静，或小声说话等规范，促进高年级学生更好地建立规范意识。

第1课 能主动跟随班级队伍有序上下楼梯

[活动目标]

1. 学生能够主动跟随班级的队伍有序上下楼梯。

2. 学生能够主动有序上下楼梯。

[指导语]

1. ×× 同学，跟上前面的同学。

2. 上下楼梯时，一个跟着一个。

3. 靠右边走。

［活动准备］

1.场地：楼梯。

2.强化物：零食，代币。

［活动过程与步骤］

活动环节一：排队时跟随班级队伍

1.下课铃响了，学生在教室门口排队。

2.等学生排好队，班长清点人数。

3.人齐了，班长带领同学一起排队前往大堂。

活动环节二：有序下楼梯

1.走到楼梯口，老师走在队伍的后面进行观察。

2.学生自行下楼梯。

3.到达一楼，老师根据学生下楼梯的情况进行点评。

4.能够主动跟随班级队伍下楼梯的学生，老师给予口头表扬。

5.未能做到跟随班级队伍下楼梯的学生，老师给予提醒。

活动环节三：有序排队回到教室

1.课间操后，班长组织学生排队回教室。

2.学生上楼梯时，老师在旁观察。

3.回到教室，老师对上楼梯的情况给予评价，并给予相应的奖励。

［活动建议］

1.由于高年级学生已经建立大部分的行为规范，但个别学生存在不自觉跟随班级队伍排队的情况，老师在每次上下楼梯时要给予提醒。

2.由于高年级学生已有一定的个人荣誉感，老师可以多采用社会性强化。

[活动评估]

学生姓名：	能否按目标做到。 说明：1. 能主动做到记"2"；2. 提示下能做到记"1"；3. 不能做到记"0"
目　标	掌握情况
1. 在老师的引导下，学生能够跟随班级的队伍有序上下楼梯	
2. 学生能够主动跟随班级的队伍有序上下楼梯	

第2课　多人上下楼梯时，能自觉排队等候

[活动目标]

1. 多人上下楼梯时，学生能够跟着班级的同学排队等候。

2. 多人上下楼梯时，学生能自觉排队等候。

[指导语]

1. ××同学，请排队。

2. 很多人，我们等一等。

3. 懂得排队等候的同学，讲文明！

[活动准备]

1. 场地：楼梯。

2. 强化物：零食，代币。

[活动过程与步骤]

活动环节一：排队，等人齐了再走

1. 下课铃响了，班长组织学生在教室门口排队。

2. 等学生排好队，班长清点人数。

3. 人未齐时，懂得排队等候的学生，老师给予及时的表扬。

4. 人齐了，班长带领同学前往目的地。

活动环节二：人多，引导学生要排队等候

1. 来到楼梯口，学生排队等候。

2. 学生懂得排队等候，老师不给予评价。

3. 学生不懂得排队等候，老师给予提醒："人多，我们要等一等。"

4. 轮候到了，学生有序下楼梯。

活动环节三：安全上楼梯

1. 活动结束，班长组织学生排队，准备回教室。

2. 到了楼梯口，学生自行判断是否轮候。

3. 不需要轮候，学生有序上楼梯。

4. 要轮候，学生要排队等待。

5. 轮候到了，学生有序上楼梯。

6. 回到教室，老师根据学生上楼梯的情况给予相应的鼓励。

[活动建议]

1. 由于高年级学生已建立大部分的行为规范，对于个别未能做到自觉排队等候的学生，老师要利用上下楼梯的机会进行加强训练。

2. 由于高年级学生已建立代币交换意识，老师要多采用社会性的强化来规范学生的行为。

[活动评估]

学生姓名：	能否按目标做到。 说明：1. 能主动做到记"2"；2. 提示下能做到记"1"；3. 不能做到记"0"
目　标	掌握情况
1. 在老师的引导下，多人上下楼梯时，学生能排队等候	
2. 多人上下楼梯时，学生能自觉排队等候	

第 3 课　上下楼梯时，懂得不大声喧哗

[活动目标]

1. 在老师的引导下，学生能小声说话，不大声喧哗。

2. 上下楼梯时，学生能做到不大声喧哗。

[指导语]

1. ×× 同学，说话小声点。

2. 保持安静。

[活动准备]

1. 场地：楼梯。

2. 教具：玩具。

3. 强化物：零食，代币。

[活动过程与步骤]

活动环节一：不要大声喧哗

1. 老师带全班同学排队来到楼梯口。

2. 走到楼梯口，老师引导学生看墙壁上小声说话的图片提示。

3. 学生说一说图片的提示是什么意思。

4. 老师引导学生说出："要保持安静，不要大声喧哗。"

5. 老师提出要求：老师看看谁能保持安静。

6. 学生排队下楼梯，老师观察。

7. 下到一楼，老师对学生下楼梯的表现进行点评。

活动环节二：安静上楼梯

1. 活动结束后，学生排队回教室。

2. 来到楼梯口，班长带队有序上楼梯，老师在后面观察。

3. 能够保持安静不大声喧哗的学生，老师及时地提出表扬。

4. 未能保持安静的学生，老师提示"嘘"。

5. 回到教室，老师及时给予点评。

［活动建议］

1. 由于高年级学生已建立大部分的行为规范，对于个别未能做到保持安静或小声说话的学生，老师要每天都进行强化训练。

2. 由于高年级学生已建立代币交换意识，老师可以采用社会性的强化规范学生的行为。

［活动评估］

学生姓名：	能否按目标做到。 说明：1. 能主动做到记"2"；2. 提示下能做到记"1"；3. 不能做到记"0"
目　标	掌握情况
1. 在老师的引导下，上下楼梯时，学生能保持安静	
2. 上下楼梯时，学生懂得不大声喧哗	

第五章　规整物品

低重年级

[目标说明]

规整物品是我校 40 分钟课间的其中一项活动，利用规整物品这一真实的活动场景，训练学生把课桌椅摆好，离开教室时轻轻关好门窗、灯、风扇，能把学习用品收拾好，值日生能按值日表值日等行为规范，建立学生的劳动意识，培养学生的劳动品质。

规整物品分为低重、中、高等三个年级阶段，每个年级阶段训练的侧重点有所不同。由于低重年级学生的服从、互动能力未建立，动手能力较弱。在这一阶段，以规整物品的真实活动为载体，训练学生服从老师指令，在老师的协助下将课桌椅摆好；离开教室时，在老师的指导下关好门窗、灯、风扇等。这一阶段训练完成后，学生在老师的提示下规整物品，为下一步中年级规整物品的意识培养打下基础。

第 1 课　下课了，在老师的协助下，能把桌椅摆好

[活动目标]

1. 下课铃响了，学生能分辨是下课了。

2. 在老师的协助下，学生能把桌子对齐。

3. 在老师的协助下，学生能把椅子靠近桌子。

[指导语]

1. 这是什么铃声？

2. 下课铃。

3. 把桌子对齐。

4. 把椅子靠近桌子。

[活动准备]

1. 场地：教室，功能教室。

2. 教具：桌子，椅子。

3. 强化物：零食，代币。

[活动过程与步骤]

活动环节一：下课了

1. 下课铃响了，老师提示学生："听一听，这是什么声音？"

2. 如果学生能回答："下课铃"，老师给予回应："是下课铃。"

3. 老师提出活动要求："下课了，自己可以选择自己想做的事情。在离开椅子后，请把桌子对齐，把椅子靠近桌子。"

活动环节二：桌子对齐、椅子靠近桌子

1. 老师示范将桌子对齐，将椅子靠近桌子。

2. 老师和学生一起做。

3. 老师对认真做的学生给予鼓励："能将桌椅摆好，表扬！"

4. 对没有达到要求的学生给予协助。

5. 每次下课，老师都要进行训练。

［活动建议］

1. 由于低重年级学生的课堂规范正在建立中，老师要制定好日常的课堂规范。

2. 对于不懂得把课桌椅摆放好的学生，老师要加强课下的训练。

3. 由于低重年级学生的代币交换意识仍在建立之中，老师要根据学生的能力程度采用零食与代币相结合的奖励。

［活动评估］

学生姓名：	能否按目标做到。 说明：1. 能主动做到记"2"；2. 提示下能做到记"1"；3. 不能做到记"0"
目　标	掌握情况
1. 下课铃响了，学生在老师的提示下知道下课了	
2. 在老师的协助下，学生能把桌子对齐	
3. 在老师的协助下，学生能把椅子靠近桌子	

第2课　离开教室时，在老师的提示下，能关好门窗、灯、风扇等

［活动目标］

1. 在老师的指导下，学生学会轻轻地关门窗、关灯、关风扇等。

2. 离开教室时，学生在老师的提示下关灯、关风扇、关好门窗。

［指导语］

1. 关灯、关风扇，手上不能有水。

2. 看看，灯（风扇）关了没有？

3. 轻轻地关门窗。

［活动准备］

1. 场地：教室，功能教室。

2. 教具：无。

3. 强化物：零食，代币。

［活动过程与步骤］

活动环节一：关灯、关风扇

1. 老师让学生找找灯的开关在哪里。

2. 学生指出来，并说："开关在那里。"

3. 老师对回答正确的学生立即给予口头表扬："××同学，说对了。"

4. 老师指着灯的开关，让学生跟着重复说："灯的开关在这里。"

5. 老师让学生找找风扇的开关在哪里。

6. 学生指出来，并说："风扇的开关在这里。"

7. 老师对回答正确的学生立即给予口头表扬："××同学，说对了。"

8. 老师指着风扇的开关，让学生跟着重复说："风扇的开关在这里。"

9. 老师快速指灯和风扇的开关，让学生快速回答出"这是什么的开关?"

10. 学生回答准确，老师给予表扬。

11. 学生表达不准确，老师给予引导，并鼓励学生能认出其中一个开关即可。

12. 每日课下，老师不断训练，让学生正确认出开关。

活动环节二：轻轻关门窗

1. 老师请甲学生关门窗。

2. 老师观察，并提示同学注意听，注意看。

3. 如果甲学生关门窗时，很大力，发出很大的声响。老师故意问其他同学："你们说甲同学做得对吗?"

4. 学生进行回答。

5. 老师根据学生的回答提出"为什么?"

6. 学生能回答出"很大力""很大声"等类似的理由，老师应立即给予表扬。

7. 老师引导："关门窗时，动作要轻轻的。"

8. 老师让学生逐个进行练习。

9. 老师对学生的练习情况进行点评。

活动环节三：离开教室时，要关灯、关风扇、轻轻关好门窗

1. 离开教室时，老师引导学生："我们要走了，检查一下教室还有哪些地方没关好?"

2. 学生检查。

3. 学生懂得关灯、关风扇、关门窗，老师立即给予口头表扬。

4.学生不懂得关灯、关风扇、关门窗，老师给予提示。

5.学生根据老师的提示，关灯、关风扇、关门窗。

6.老师根据学生的表现，逐渐减少提示。

［活动建议］

1.由于低重年级学生的安全意识还未建立，老师要制订好日常的课堂规范。

2.离开教室时，对于不懂得关好灯、风扇，关好门窗的学生，老师要加强日常的训练。

3.由于低重年级学生的代币意识仍在建立之中，老师根据学生的能力程度采用零食或者代币相结合的奖励。

［活动评估］

学生姓名：	能否按目标做到。说明：1.能主动做到记"2"；2.提示下能做到记"1"；3.不能做到记"0"
目 标	掌握情况
1.在老师的指导下，学生学会关灯	
2.在老师的指导下，学生学会关风扇等	
3.在老师的指导下，学生学会轻轻地关门窗	
4.离开教室时，在老师的提示下，学生能关灯、关风扇、关好门窗	

中年级

［目标说明］

规整物品是我校40分钟课间的一项活动，利用规整物品这一真实的活动场景，训练学生把课桌椅摆好，离开教室时轻轻关好门窗、灯、风扇，值日生能按值日表值日等行为规范，建立学生的劳动意识，培养学生的劳动品质。

规整物品分为低重、中、高等三个年级阶段，每个年级阶段训练的侧重点有所不同。中年级学生，具备了一定的服从、互动能力。在这一阶段，利用规整物品这一真实活动载体，训练学生下课后能将课桌椅摆好；在老师的指导下，能把学习用品收拾好；离开教室时，能轻轻关好门窗、灯、风扇等。这一阶段训练完成后，学生要逐渐有意识地规整物品，为下一步高年级的自主整理意识打下基础。

第1课　下课了，能把课桌椅摆放好

［活动目标］

1. 下课了，学生能把桌子对齐。

2. 离开座位时，学生能把椅子靠近桌子。

［指导语］

1. 下课了。

2. 做得好。

3. 离开座位，记得把桌子对齐，把椅子靠近桌子。

［活动准备］

1. 场地：教室，功能教室。

2. 教具：桌子，椅子。

3. 强化物：代币。

[活动过程与步骤]

活动环节一：下课了

1. 下课铃响了，老师结束课堂学习。

2. 桌椅摆放歪了，老师提醒学生："桌椅不整齐。"

3. 学生摆放桌椅，老师检查。

4. 直到桌椅摆放整齐，老师才让学生下课。

活动环节二：桌子对齐、椅子靠近

1. 老师观察学生离开座位时，是否记得把桌子对齐，把椅子靠近桌子。

2. 学生记得，老师不给予任何表示，默许让学生自由活动。

3. 学生不记得，老师提醒学生把椅子靠近桌子后才能自由活动。

4. 老师给予提醒，并提出扣除代币的要求：3 次不记得把桌子对齐，把椅子靠近桌子，不扣除代币。超过 3 次之后，要扣除 1 个代币。

5. 每次下课，老师都要进行检查。

[活动建议]

1. 中年级学生已建立了基本的课堂规范，但还没内化，老师要坚持做好日常的课堂规范。

2. 对于不懂得把课桌对齐，把椅子靠近桌子的学生，老师要加强日常的训练。

3. 中年级学生有一定的代币交换意识，对于未能做到要求的学生，可适当采用扣除代币的方法。

［活动评估］

学生姓名：	能否按目标做到。说明：1.能主动做到记"2"；2.提示下能做到记"1"；3.不能做到记"0"
目　标	掌握情况
1.下课了，学生能把桌子对齐	
2.离开座位时，学生能把椅子靠近桌子	

第2课　在老师的指导下，能把学习用品整理好

［活动目标］

1.在老师的指导下，学生懂得对学习用品进行分类。

2.在老师的指导下，学生能用不同的容器装已经分类的学习用品。

3.在老师的指导下，学生能按一定的顺序摆放整理好的学习用品。

［指导语］

1.对学习用品进行分类。

2.文具放在笔袋里。

3.作业本放在作业袋。

4.课本放在课本袋。

5.大件的袋子放在最底下，最小的放在最上面。

［活动准备］

1.场地：教室。

2.教具：学习用品。

3.强化物：零食，代币。

[活动过程与步骤]

活动环节一：把学习用品进行分类

1. 老师让学生把桌子里的学习用品都放在桌面上。

2. 老师示范，将同一种类的学习用品放在一起。

3. 学生将自己的学习用品进行分类。

4. 学生分类后，老师进行检查。

5. 学生分类对了，老师给予表扬。

6. 学生分类错了，老师直接指出，要求学生立即重新分类，直至分类正确。

活动环节二：把分类好的学习用品放进不同的袋子

1. 老师取出不同的文件袋，有笔袋，作业袋，课本袋等。

2. 老师让学生领取不同的文件袋，人手一份。

3. 老师示范：把文具放进笔袋里。

4. 学生跟着老师做。

5. 老师检查，如有学生做得不对，老师立即指出，学生重新装袋。

6. 老师示范：把课本放进课本袋里。

7. 学生跟着老师做。

8. 老师检查，如有学生做得不对，老师立即指出，学生重新装袋。

9. 老师示范：把作业放进作业袋里。

10. 学生跟着老师做。

11. 老师检查，如有学生做得不对，老师立即指出，学生重新装袋。

12. 老师示范：把其他杂类的学习用品放进普通袋里。

13. 学生跟着老师做。

14. 老师检查，如有学生做得不对，老师立即指出，学生重新装袋。

活动环节三：按顺序，把不同学习用品整理好

1. 老师让学生观察：哪个文件袋大，哪个文件袋小。

2. 学生做出回答。

3. 学生回答准确，老师给予口头表扬。

4. 老师让学生按从大到小的顺序，将文件袋放进桌子的抽屉里。

5. 老师检查，并适当指导有需要的学生。

［活动建议］

1. 中年级学生还不会按一定的步骤整理学习用品，老师要教学生分类整理学习用品。

2. 课下时间，老师要加强日常的训练，培养学生及时规整物品的意识。

3. 中年级学生有一定的代币意识，可适当采用奖励与扣除代币相结合的方法。

［活动评估］

学生姓名：	能否按目标做到。 说明：1. 能主动做到记"2"；2. 提示下能做到记"1"；3. 不能做到记"0"
目　标	掌握情况
1. 在老师的指导下，学生懂得对学习用品进行分类	
2. 在老师的指导下，学生能用不同的容器装已经分类的学习用品	
3. 在老师的指导下，学生能按一定的顺序摆放整理好的学习用品	

第 3 课　离开教室前，能轻轻关好门窗、灯、风扇等

［活动目标］

1. 离开教室时，学生能关灯、关风扇等。

2. 离开教室时，学生能轻轻关好门窗。

［指导语］

1. 关灯，关风扇，手上不能有水。

2. 离开教室前，要做什么？

［活动准备］

1. 场地：教室，活动教室。

2. 教具：无。

3. 强化物：零食，代币。

［活动过程与步骤］

活动环节一：关灯，关风扇

1. 老师让学生熟悉教室里灯、风扇的开关在哪里。

2. 学生指出来，并说出："这个是灯的开关，那个是风扇的开关。"

3. 老师对回答正确的学生立即给予口头表扬："××同学，说对了。"

4. 老师提醒："关这些开关时，要注意什么？"

5. 学生能说出："手上不能有水。"老师立即给予表扬。

6. 学生不懂得相关的安全操作，老师给予指导。

活动环节二：轻轻关门窗

1. 老师请甲学生关门窗。

2. 老师观察，并提示同学注意听、注意看。

3. 如果甲学生关门窗时，很大力，发出很大的声响。老师提出问题："甲同学哪里做得不好？"

4. 学生进行回答。

5. 老师根据学生的回答提出："为什么？"

6. 学生能回答出"很大力""很大声"等类似的理由，老师立即给予表扬。

7. 老师引导：关门窗时，动作要轻轻的。

8. 老师提问："为什么要轻轻地关？"

9. 学生回答。

10. 老师根据学生的回答，说："因为动作太大力，门很容易弄坏，窗户可能会脱落，有可能还会弄伤人。"

11. 老师让学生明白轻轻关门窗的重要性。

活动环节三：离开教室时，要关灯、关风扇、轻轻关好门窗

1. 离开教室时，老师观察学生是否懂得自觉关灯、关风扇、关门窗。

2. 学生懂得关灯、关风扇、关门窗，老师立即给予口头表扬。

3. 学生不懂得关灯、关风扇、关门窗，老师提示学生说："检查一下，看看还有哪里没做好？"

4. 学生根据老师的提示，关灯、关风扇、关门窗。

5. 老师根据学生的表现，逐渐减少提示。

[**活动建议**]

1. 中年级学生已建立了基本的课堂规范，但还没内化，老师要坚持做

好日常的课堂规范。

2.对于不懂得轻轻关门、关窗的学生，老师要加强日常的训练。

3.中年级学生有一定的代币交换意识，对于未能做到要求的学生，可适当采用扣除代币的方法。

［活动评估］

学生姓名：	能否按目标做到。 说明：1.能主动做到记"2"；2.提示下能做到记"1"；3.不能做到记"0"
目　标	掌握情况
1.在老师的指导下，学生会关灯	
2.在老师的指导下，学生学会关风扇等	
3.在老师的指导下，学生学会轻轻地关门窗	
4.离开教室时，学生在老师的提示下，能关灯、关风扇、关好门窗	

高年级

［目标说明］

规整物品是我校 40 分钟课间的其中一项活动，利用规整物品这一真实的活动场景，训练学生把课桌椅摆好，离开教室时轻轻关好门窗、灯、风扇，值日生能按值日表值日等，建立学生的劳动意识，培养学生的劳动品质。

规整物品分为低重、中、高等三个年级阶段，每个年级阶段训练的侧重点有所不同。高年级学生，具备了相对较好的服从、互动能力。在这一阶段，利用规整物品这一真实活动载体，训练学生看懂值日表，按值日表分配的工作规整物品，并按规整的要求完成任务等，从而提高学生的自主性。

第1课　在老师的指导下，能清楚自己本周的工作任务

［活动目标］

1. 在老师的提示下，学生能看值日表，清楚自己一周的值日任务。

2. 在老师的提示下，学生按值日要求完成指定的规整任务。

［指导语］

1. 哪个同学看了值日表？

2. 记得看值日表。

3. 知道自己是做什么值日任务吗？

4. 按值日要求完成任务。

［活动准备］

1. 场地：教室。

2. 教具：扫把，拖把，拖桶，垃圾铲，抹布，水盆等。

3. 强化物：代币。

［活动过程与步骤］

活动环节一：学生能看值日表，清楚自己一周的值日任务

1. 老师提出值日要求：每天上午回到教室，看值日表；按值日表完成清洁任务。

2. 前一天放学前，老师布置好第二天的值日表。

3. 每天上午回到教室，老师提示学生："哪个同学看了值日表？"

4. 学生逐个回答，老师逐个核对学生的回答是否准确。

5. 学生回答准确，老师立即给予口头表扬"对了！"

6.学生不能回答出来，或回答错了，老师提醒学生："再看看值日表，一会儿告诉我"。

7.直至所有学生都回答出值日的任务。

活动环节二：学生清楚指定的规整任务

1.开始阶段，老师对每项值日任务做简要的要求，包括规整的范围、规整的程度、规整的时间等。

2.规整时间到，老师给予提示："到时间整理物品了。"

3.学生按值日任务进行规整。

4.老师进行巡视，并检查学生规整的部分是否准确。

5.如果学生规整的部分不准确，老师则提醒学生重新开始规整，直至学生清楚自己的任务。

［活动建议］

1.高年级学生有基本的清洁、规整规范，但未具备一定的劳动技能，老师要培养学生的劳动技能。

2.对于值日情况仍未达到要求的学生，老师要利用清洁、规整的时间，增加训练次数。

3.高年级学生，尽量采用代币的奖励。

［活动评估］

学生姓名：	能否按目标做到。 说明：1.能主动做到记"2"；2.提示下能做到记"1"；3.不能做到记"0"
目　标	掌握情况
1.在老师的提示下，学生能看值日表，清楚自己一周的值日任务	
2.在老师的提示下，学生按值日要求完成指定的规整任务	

第 2 课　有不会做的任务，会问老师

［活动目标］

1. 学生清楚自己负责的任务。

2. 有不会做的任务，学生能主动问老师。

［指导语］

1. × × 同学，你负责什么任务？

2. 清楚自己的任务。

3. 有不会做的地方，可以问老师。

［活动准备］

1. 场地：教室。

2. 教具：学习用品，劳动工具等。

3. 强化物：零食，代币。

［活动过程与步骤］

活动环节一：学生按任务进行规整

1. 老师观察学生是否会看值日表。

2. 老师提问："谁知道自己的任务是什么？"

3. 学生回答，老师根据学生的回答，给予表扬或提出更正。

4. 开始阶段，老师对每项值日任务做简要的要求，包括规整的范围、规整的程度、规整的时间等。

5. 规整时间到，老师给予提示："到时间整理物品了。"

6. 学生按值日任务进行规整。

活动环节二：有不会做的任务，向老师提出

1.老师进行巡视,检查学生规整的部分是否准确,检查学生会不会做等。

2.如果学生不会规整所负责的部分，老师则提醒学生："有不会做的地方，要问老师。"

3.如果有学生懂得问老师，老师立即给予口头表扬。

4.老师手把手教学生规整。

5.学生自己做，老师在旁看，适时给予提示。

6.老师巡视其他学生的规整情况，引导学生遇到不会做的地方，可以问老师。

7.学生规整结束，老师给予肯定的评价。

[活动建议]

1.高年级学生有基本的清洁、规整规范，但未具备一定的劳动技能，老师要培养学生的劳动技能。

2.对于值日情况仍未达到要求的学生，老师要利用清洁、规整的时间，增加训练次数。

3.高年级学生，尽量采用代币的奖励。

[活动评估]

学生姓名：	能否按目标做到。 说明：1.能主动做到记"2"；2.提示下能做到记"1"；3.不能做到记"0"
目 标	掌握情况
1.学生清楚自己负责的任务	
2.有不会做的任务，学生懂得问老师	

第3课　能按要求完成自己的值日任务，并接受老师的评价

［活动目标］

1.学生知道值日任务的要求。

2.学生按要求，完成自己的值日任务。

3.学生能接受老师的评价。

［指导语］

1.谁知道自己的值日任务？

2.有什么要求？

3.老师会进行评价的。

［活动准备］

1.场地：教室。

2.教具：所需规整的物品（略）。

3.强化物：零食，代币。

［活动过程与步骤］

活动环节一：学生清楚值日任务的要求

1.老师故意问："哪个同学知道规整任务要做到怎样的要求？"

2.学生回答。

3.老师根据学生的回答，进行补充或纠正。

活动环节二：老师组织学生互评

1. 学生按值日表进行规整。

2. 老师巡视、观察学生的规整情况。

3. 规整结束后，老师组织学生进行互评规整情况。

4. 如果学生能按规整的要求进行点评，老师立即给予口头表扬："××同学说得很好，说的几点都是整理的关键。"

5. 如果学生没有语言表达能力，老师则提示学生用"大拇指"表示很好，用"√"表示还行，用"×"表示清洁程度不够好。

活动环节三：老师评价

1. 老师肯定学生的规整成果。

2. 老师根据学生的互评情况，进行小结：先分类，再整理，按一定的顺序进行摆放。

［活动建议］

1. 高年级学生有基本的清洁、规整规范，但未具备一定的劳动技能，老师要培养学生的劳动技能。

2. 对于值日情况仍未达到要求的学生，老师要利用清洁、规整的时间，增加训练次数。

3. 高年级学生，尽量采用代币的奖励。

［活动评估］

学生姓名：	能否按目标做到。 说明：1. 能主动做到记"2"；2. 提示下能做到记"1"；3. 不能做到记"0"
目　标	掌握情况
1. 学生知道值日任务的要求	
2. 学生按要求，完成自己的值日任务	
3. 学生能接受老师的评价	

第4课　能看值日表的安排，了解自己当天的值日任务

［活动目标］

1. 学生能看值日表。

2. 学生清楚自己值日当天的任务。

［指导语］

1. 哪个同学看了值日表？

2. 记得看值日表。

3. 知道自己是做什么值日任务吗？

4. 按值日要求完成任务。

［活动准备］

1. 场地：教室。

2. 教具：需要规整的物品等（略）。

3. 强化物：代币。

［活动过程与步骤］

活动环节一：学生能看值日表，清楚自己当天的值日任务

1. 前一天放学前，老师布置好第二天的值日表。

2. 每天上午回到教室，老师提示学生："哪个同学看了值日表？"

3. 学生逐个回答，老师逐个核对学生的回答是否准确。

4. 如果学生回答准确，老师立即给予口头表扬："对了！"

5. 如果学生不能回答出来，或回答错了，老师提醒学生："再看看值日表，一会儿告诉我。"

6. 直至所有学生都回答出值日的任务。

活动环节二：学生清楚指定的规整任务

1. 开始阶段，老师对每项值日任务做简要的要求，包括规整的范围、规整的程度、规整的时间等。

2. 规整时间到，老师给予提示："到时间整理物品了。"

3. 学生按值日任务进行规整。

4. 老师进行巡视，并检查学生规整的部分是否准确。

5. 如果学生规整的部分不准确，老师则提醒学生重新开始规整，直至学生清楚自己的任务。

[活动建议]

1. 高年级学生有基本的清洁、规整规范，但未具备一定的劳动技能，老师要培养学生的劳动技能。

2. 对于值日情况仍未达到要求的学生，老师要利用清洁、规整的时间，增加训练次数。

3. 高年级学生，尽量采用代币的奖励。

[活动评估]

学生姓名：	能否按目标做到。 说明：1. 能主动做到记"2"；2. 提示下能做到记"1"；3. 不能做到记"0"
目　　标	掌握情况
1. 学生能看值日表	
2. 学生清楚自己当天的值日任务	

第5课　能按时完成自己的值日任务，并把情况报告给老师，接受老师给的评价

［活动目标］

1. 学生能按时完成值日任务。

2. 学生能把值日情况告诉老师。

3. 学生能接受老师的评价。

［指导语］

1. 要按时完成任务。

2. 完成任务了吗？

3. 能跟老师说说值日情况。

［活动准备］

1. 场地：教室。

2. 教具：所需规整的物品等（略）。

3. 强化物：代币。

［活动过程与步骤］

活动环节一：学生按时完成值日任务

1. 值日时间到了，学生开始值日。

2. 老师巡视，检查到学生的值日存在问题时，老师给予提醒或指导。

3. 值日时间结束，老师观察学生是否能按时完成值日任务。

4. 能按时完成值日任务的学生，老师告诉学生可以获得一定的报酬。

5. 待任务结束后，学生可以主动向老师索取报酬。

活动环节二：学生向老师汇报值日情况

1. 老师问："哪个同学，能说说值日情况？"

2. 如果有学生勇敢起来说说值日情况，老师立即给予肯定："很勇敢，说得不错。"

3. 老师引导其他学生进行简单汇报。

4. 老师对学生的汇报情况进行小结：能清楚说出值日任务和值日的情况。

5. 学生汇报结束，可以主动向老师索取劳动报酬。

［活动建议］

1. 高年级学生有基本的清洁、规整规范，但未具备一定的劳动技能，老师要培养学生的劳动技能。

2. 对于值日情况仍未达到要求的学生，老师要利用清洁、规整的时间，增加训练次数。

3. 高年级学生，尽量奖励代币。

［活动评估］

学生姓名：	能否按目标做到。 说明：1. 能主动做到记"2"；2. 提示下能做到记"1"；3. 不能做到记"0"
目　标	掌握情况
1. 学生能服从老师的劳动分工	
2. 清洁时间结束，学生能完成劳动任务	
3. 学生能接受老师的评价	

第六章　玩玩具

低重年级

[目标说明]

　　玩玩具是我校课间 80 分钟的一项活动。在每间教室，会根据学生水平配备相应的玩具，这类玩具主要以建构类玩具为主，如雪花片、积木等。玩玩具是一项学生非常喜欢的活动，我们利用这一活动，训练学生听从老师指令、激发学生表达、与同伴分享与合作的能力；此外，这类建构型的玩具也激发了学生动手操作的能力，在玩的过程中也促进了学生思维的发展。

　　玩玩具这一活动分三个年级阶段，分别是低重年级、中年级、高年级，每个年级阶段训练的侧重点有所不同。低重年级学生，他们的年龄小，入学时间不长，随心所欲的现象在他们身上表现得比较明显。在学生玩玩具的过程中，主要以训练学生服从能力为主，如在规定的时间内玩玩具，拿属于自己的玩具，拿玩具前懂得征求老师的意见，玩完玩具后能收拾等。这些良好习惯的养成，为后面中高年级的学习打下基础。

第1课 在老师的提示下，能跟老师说："我要玩……"

［活动目标］

1.在老师的引导下，没有言语表达能力的学生能用动作或手势向老师表达"我要玩……"

2.在老师的引导下，学生能表达"我要玩……"

［指导语］

你们想不想玩？

［活动准备］

1.场地：教室。

2.教具：足球，篮球。

3.强化物：零食，代币。

［活动过程与步骤］

活动环节一：引导学生表达"老师，我要玩"

1.老师："今天我们来玩推足球比赛，谁想玩？"

2.当有学生向老师表达"老师，我要玩"，老师立即表扬，并让学生过来游戏。

3.若学生不懂得模仿老师或同学，老师就问他："想不想玩？"引导学生表达出"我要玩足球"后，老师立即表扬，并让学生过来游戏。

4.对于不能用语言表达的学生，老师要教会学生动作表达，用手指足球来表达后，老师立即表扬，并让学生过来游戏。

活动环节二：听指令玩游戏

1.在老师的示范和提示下，学生都表达了"老师我要玩"后，站在指定位置准备游戏。

2.听到指令："开始。"学生将足球推到终点。

3.完成游戏的学生奖励代币。

活动环节三：老师检查学生玩具归位的规范

1.完成游戏后，老师要求学生将足球放回原位。

2.能按规范放好足球的学生，老师进行代币兑换零食。

[活动建议]

1.低重年级的学生，由于各项规范在建立中，所以老师要制定好本班级的玩玩具规范。

2.对于表达需求仍未建立的学生，老师要增加训练次数。

3.低重年级学生由于代币意识仍在建立之中，对于学生能做到老师的要求，根据学生的能力程度采用零食或者代币奖励相结合。

[活动评估]

学生姓名：	能否按目标做到。 说明：1.能主动做到记"2"；2.提示下能做到记"1"；3.不能做到记"0"
目　标	掌握情况
1.在老师的引导下，没有言语表达能力的学生能用动作或手势表达"我要玩。"	
2.在老师的引导下，学生能表达"我要玩。"	

第 2 课　得到老师的同意后，领取玩具

[活动目标]

1. 在老师的引导下，向老师表达"我想玩……"，并得到老师的同意后，学生领取玩具。

2. 主动向老师表达"我想玩……"，并得到老师的同意后，学生领取玩具。

[指导语]

你想玩什么？

[活动准备]

1. 场地：教室。

2. 教具：积木 13 包。

3. 强化物：零食，代币。

[活动过程与步骤]

活动环节一：引导学生表达"老师，我想玩"

1. 出示多包新积木，吸引学生注意。

2. 老师："同学们，今天老师领取了好多新玩具，想玩的同学请过来排队。"

3. 老师提问："你想玩什么？"当学生向老师表达"老师，我想玩……"。

4. 不懂得模仿或表达的学生，老师提问："你想玩什么？"引导学生表达出"我想玩……"。

5. 不能用语言表达的学生，老师教其用手指指向喜欢的玩具以示"我想玩……"。

活动环节二：得到老师同意后领取玩具

1.老师假装思考数秒,若学生能耐心等待,即答应学生并让其领取玩具。

2.若学生未得同意就拿走玩具,老师没收玩具,并让其到后面排队重新再来,引导学生学会忍耐。

活动环节三：老师检查学生玩具归位的规范

1.结束后,老师要求学生将玩具放回原位。

2.能按规范放好玩具的学生,老师奖励其代币。

3.组织学生用代币兑换零食。

［活动建议］

1.低重年级的学生,由于各项规范在建立中,所以老师要制定好本班级的玩玩具规范。

2.对于表达需求仍未建立的学生,老师要增加训练次数。

3.低重年级学生由于代币意识仍在建立之中,对于学生能做到老师的要求,根据学生的能力程度采用零食或者代币奖励结合。

［活动评估］

学生姓名：	能否按目标做到。 说明：1.能主动做到记"2"；2.提示下能做到记"1"；3.不能做到记"0"
目　标	掌握情况
1.在老师的引导下,向老师表达"我想玩……",并得到老师的同意后,学生领取玩具	
2.主动向老师表达"我想玩……",并得到老师的同意后,学生领取玩具	

第 3 课　领取玩具时，能轻拿轻放

［活动目标］

1. 在老师的引导下，领取玩具时，学生能轻拿轻放。

2. 领取玩具时，学生主动做到轻拿轻放。

［指导语］

1. 轻轻地拿。

2. 轻轻地放。

［活动准备］

1. 场地：教室。

2. 教具：积木若干盘。

3. 强化物：零食，代币。

［活动过程与步骤］

活动环节一：组织学生排队领取玩具

1. 老师组织学生排队领取玩具。

2. 当学生能轻轻拿起玩具托盘时，老师立即表扬并给予代币奖励。

3. 听到指令，学生能轻轻拿起玩具托盘时，老师立即表扬并给予代币奖励。

活动环节二：得到老师同意后领取玩具

1. 老师组织学生收拾玩具。

2. 当学生能轻轻放下玩具托盘时，老师立即表扬并给予代币奖励。

3.学生能轻轻放下玩具托盘时，老师立即表扬并给予代币奖励。

活动环节三：老师检查学生玩具归位的规范

1.老师检查学生玩具归位的情况。

2.老师根据学生的表现奖励代币。

3.老师进行代币兑换零食。

［活动建议］

1.低重年级学生的各项规范在建立中，所以老师要制定好本班级的玩玩具规范。

2.对于表达需求仍未建立的学生，老师要增加训练次数。

3.低重年级学生由于代币交换意识仍在建立之中，对于学生能做到老师的要求，根据学生的能力程度采用零食或者代币奖励结合。

［活动评估］

学生姓名：	能否按目标做到。 说明：1.能主动做到记"2"；2.提示下能做到记"1"；3.不能做到记"0"
目　　标	掌握情况
1.在老师的引导下，领取玩具时，学生轻拿轻放托盘	
2.领取玩具时，学生主动做到轻拿轻放托盘	

第4课　能坐在自己的位置上玩

［活动目标］

1.学生领取玩具后，能回到自己的位置。

2. 在老师的提示下，学生能坐在自己的位置上玩。

［指导语］

1. 在哪里玩？

2. 在自己的位置上玩。

［活动准备］

1. 场地：教室。

2. 教具：积木若干盘。

3. 强化物：零食，代币。

［活动过程与步骤］

活动环节一：组织学生排队领取玩具

1. 老师组织学生排队领取玩具。

2. 当学生能轻轻拿起玩具托盘时，老师立即表扬并给予代币奖励。

3. 听指令，学生能轻轻拿起玩具托盘时，老师立即表扬并给予代币奖励。

活动环节二：学生将领取的玩具放在自己的位置

1. 老师对学生说："领取玩具后，请将玩具放在自己的位置。"

2. 如果学生能做到，老师立即给予口头表扬。

3. 如果学生在提示后还没有将玩具放在自己的位置，老师立即取走玩具。

4. 老师跟该学生说："没有把玩具放在自己的位置，先等一会儿。等老师叫你时，请到老师这里领取玩具。"

5. 在老师的提示下，学生重新领取玩具。

6. 老师提示学生将玩具放在自己的位置。

活动环节三：学生坐在自己的位置玩玩具

1. 学生玩玩具的过程，老师进行观察。

2. 如果学生在自己的位置上玩，老师给予口头表扬。

3. 如果学生没有在自己的位置上玩，老师给予提示："请××同学回到自己的位置上玩。"

4. 老师提示 3 次之后，学生还没有回到自己的位置上，老师立即取走该学生的玩具。

5. 老师说："请回自己的位置，暂时取走玩具。如果你能在座位上坐 3 分钟，就可以重新领取玩具。"

6. 待学生能在自己的位置坐 3 分钟，老师提示该学生重新领取玩具。

7. 在学生玩玩具的过程中，老师坚持强调：在自己的位置上玩。

8. 待学生归还玩具时，老师检查学生玩具归位的规范。

［活动建议］

1. 低重年级的学生，由于各项规范在建立中，所以老师要制定好本班级的玩玩具规范。

2. 对于表达需求仍未建立的学生，老师要增加训练次数。

3. 低重年级学生由于代币交换意识仍在建立之中，对于学生能做到老师的要求，根据学生的能力程度采用零食或者代币奖励相结合。

［活动评估］

学生姓名：	能否按目标做到。 说明：1. 能主动做到记"2"；2. 提示下能做到记"1"；3. 不能做到记"0"
目　标	掌握情况
1. 学生领取玩具后，能回到自己的位置	
2. 在老师的提示下，学生能坐在自己的位置上玩	

第5课　能在老师的指导下玩玩具

［活动目标］

1. 在老师的引导下，学生玩玩具。

2. 在老师的指导下，学生跟着老师的步骤玩玩具。

［指导语］

1. 请看老师示范。

2. 请跟老师一起做。

［活动准备］

1. 场地：教室。

2. 教具：积木若干盘 。

3. 强化物：零食，代币。

［活动过程与步骤］

活动环节一：组织学生领取玩具

1. 老师组织学生排队领取玩具。

2. 学生得到老师的同意后领取玩具。

3. 领取玩具后，坐在自己的位置上。

活动环节二：按要求玩玩具

1. 老师示范，用积木砌成一个正方形。

2. 当学生能模仿并砌出一个正方形，老师立即表扬并给予代币奖励。

3. 不懂模仿同学的学生，老师重新示范，当学生能跟着步骤并砌出一个正方形，老师立即表扬并给予代币奖励。

活动环节三：老师检查学生玩具归位的规范

1. 检查玩具是否放回原位。

2. 老师进行代币兑换零食。

［活动建议］

1. 低重年级的学生，由于各项规范在建立中，所以老师要制定好本班级的玩玩具规范。

2. 对于表达需求仍未建立的学生，老师要增加训练次数。

3. 低重年级学生由于代币意识仍在建立之中，对于学生能做到老师的要求，根据学生的能力程度采用零食或者代币奖励结合。

［活动评估］

学生姓名：	能否按目标做到。 说明：1. 能主动做到记"2"；2. 提示下能做到记"1"；3. 不能做到记"0"
目　　标	掌握情况
1. 在老师的引导下，学生玩玩具	
2. 在老师的指导下，学生跟着老师的步骤玩玩具	

第6课　遇到困难，能向老师求助

［活动目标］

1. 遇到困难，学生能主动向老师求助。

2. 遇到困难，在老师的提问下，能向老师求助。

[指导语]

1.××同学，知道找老师帮忙，非常棒。

2.××同学，需要老师帮忙吗？

[活动准备]

1.场地：教室。

2.教具：拼图若干份。

3.强化物：零食，代币。

[活动过程与步骤]

活动环节一：组织学生领取玩具

1.老师组织学生排队领取玩具。

2.学生得到老师的同意后领取玩具。

3.领取玩具后坐在自己的位置上玩。

4.在老师的提示下，学生玩玩具。

活动环节二：遇到困难，学生能请老师帮忙

1.老师提前收起其中一块拼图，要求学生把拼图拼好。

2.当学生能主动向老师寻求缺少的拼图时，老师立即表扬，并帮其找出缺少的那块拼图。

3.不懂模仿同学的学生，老师引导其发现缺少了一块拼图，并询问是否需要老师帮忙找出来，当学生表示需要老师帮忙时，老师立即表扬并帮其找出缺少的那块拼图。

活动环节三：老师检查学生玩具归位的规范

1.检查玩具是否放回原位。

2. 老师进行代币兑换零食。

[活动建议]

1. 低重年级的学生，由于各项规范在建立中，所以老师要制定好本班级的玩玩具规范。

2. 对于表达需求仍未建立的学生，老师要增加训练次数。

3. 低重年级学生由于代币交换意识仍在建立之中，对于学生能做到老师的要求，根据学生的能力程度采用零食或者代币奖励结合。

[活动评估]

学生姓名：	能否按目标做到。 说明：1. 能主动做到记"2"；2. 提示下能做到记"1"；3. 不能做到记"0"
目　标	掌握情况
1. 遇到困难，学生能主动向老师求助	
2. 遇到困难，在老师的提问下，能向老师求助	

第7课　当老师说"收拾玩具"时，能把玩具收拾进托盘

[活动目标]

1. 当老师说"收拾玩具"时，学生能主动把玩具收拾进托盘。

2. 当老师说"收拾玩具"时，在老师的提示下，学生能把玩具收拾进托盘。

[指导语]

收玩具。

［活动准备］

1. 场地：教室。

2. 教具：积木若干盘。

3. 强化物：零食，代币。

［活动过程与步骤］

活动环节一：组织学生领取玩具

1. 老师组织学生排队领取玩具。

2. 学生得到老师的同意后领取玩具。

3. 领取玩具后坐在自己的位置上玩。

4. 在老师的提示下，学生玩玩具。

5. 遇到困难，学生能向老师求助。

活动环节二：当老师说"收拾玩具"时，学生把玩具收拾进托盘

1. 当老师说"收拾玩具"时，当学生能主动收拾玩具进托盘时，老师立即表扬并给予代币奖励。

2. 不懂模仿同学的学生，老师提示后，能收拾玩具进托盘时，老师立即表扬并给予代币奖励。

活动环节三：老师检查学生玩具归位的规范

1. 检查玩具是否放回原位。

2. 老师进行代币兑换零食。

［活动建议］

1. 低重年级的学生，由于各项规范在建立中，所以老师要制定好本班级的玩玩具规范。

2. 利用课间十分钟的时间，对于表达需求仍未建立的学生，老师要增加训练次数。

3. 低重年级学生由于代币意识仍在建立之中，对于学生能做到老师的要求，根据学生的能力程度采用零食或者代币奖励结合。

[活动评估]

学生姓名：	能否按目标做到。 说明：1. 能主动做到记"2"；2. 提示下能做到记"1"；3. 不能做到记"0"
目 标	掌握情况
1. 当老师说"收拾玩具"时，学生能主动把玩具收拾进托盘	
2. 当老师说"收拾玩具"时，在老师的提示下，学生能把玩具收拾进托盘	

第8课 在老师的指导下，能把玩具放回原处

[活动目标]

1. 在老师的指导下，学生能主动把玩具放回原处。

2. 在老师的提示下，学生能把玩具放回原处。

[指导语]

×× 同学，把玩具放好。

[活动准备]

1. 场地：教室。

2. 教具：积木若干盘。

3. 强化物：零食，代币。

[活动过程与步骤]

活动环节一：组织学生领取玩具

1.老师组织学生排队领取玩具。

2.学生得到老师的同意后领取玩具。

3.领取玩具后坐在自己的位置上玩。

4.在老师的提示下，学生玩玩具。

5.遇到困难，学生能向老师求助。

6.当老师说"收拾玩具"时，学生把玩具收拾进托盘。

活动环节二：在老师的指导下，学生能主动把玩具放回原处

1.当老师说"收拾玩具"时，学生能主动收拾玩具进托盘，并按老师指令把玩具放回原处，老师立即表扬并奖励代币。

2.不懂模仿同学的学生，老师提示后，能收拾玩具进托盘，听老师的指令，并把玩具放回原处，老师立即表扬并给予代币奖励。

活动环节三：兑换奖励

老师组织学生用代币兑换零食。

[活动建议]

1.由于低重年级的学生各项规范在建立中，所以老师要制定好本班级的玩玩具规范。

2.对于表达需求仍未建立的学生，老师要增加训练次数。

3.低重年级学生由于代币交换意识仍在建立之中，对于学生能做到老师的要求，根据学生的能力程度采用零食或者代币奖励结合。

[活动评估]

学生姓名：	能否按目标做到。 说明：1.能主动做到记"2"；2.提示下能做到记"1"；3.不能做到记"0"	
目 标	掌握情况	
1.在老师的指导下，学生能主动把玩具放回原处		
2.在老师的提示下，学生能把玩具放回原处		

中年级

[目标说明]

　　玩玩具是我校课间 80 分钟的一项活动。在每间教室，会根据学生水平配备相应的玩具。这类玩具主要以建构类玩具为主，如雪花片、积木等。玩玩具是一项学生非常喜欢的活动，我们利用这一活动，训练学生听从老师指令，激发学生表达，与同伴分享与合作的能力；此外，这类建构型的玩具也激发了学生动手操作的能力，在玩的过程中还促进了思维的发展。

　　中年级学生的玩玩具活动，主要训练的是主动跟老师表达要玩玩具；得到老师的同意后，能在两种以上的玩具中选取一种；领取玩具后，能坐回自己的位置；在老师的指导下，能尝试不同的玩法；在玩玩具过程中，碰到困难能向老师求助；能和同伴一起玩玩具；当老师说"收拾玩具"时，能把玩具收拾进托盘，把玩具放回原处等。通过这一阶段的训练，为高年级学生自主活动打下基础。

第 1 课 能跟老师说："我要玩……"

[活动目标]

1. 大课间，学生能主动跟老师说："我要玩……"
2. 大课间，学生能在老师的提示下跟老师说："我要玩……"

[指导语]

我要玩这个玩具。

[活动准备]

1. 场地：教室。
2. 教具：羽毛球，积木，拼图。
3. 强化物：零食，代币。

[活动过程与步骤]

活动环节一：认识玩具

1. 老师出示各种不同的玩具（羽毛球、积木、拼图）。
2. 老师引导学生认识玩具名称。

活动环节二：引导学生表达："老师我想玩……"

1. 老师："想玩玩具就告诉老师"。引导学生表达："老师，我想玩玩具"。
2. 当学生主动表达："老师，我想玩玩具"。老师立即表扬并给予代币奖励。
3. 不懂模仿同学表达的学生，老师引导他表达："老师，我想玩其他玩具。"当学生表达后，老师立即表扬并给予代币奖励。

4.当学生想玩其他玩具时，老师引导学生表达："老师，我想玩其他玩具。"

活动环节三：整理玩具，奖励兑换

1.玩完玩具后，引导学生把玩具放回指定的位置。

2.老师进行代币兑换零食。

［活动建议］

1.由于中年级的学生各项规范在建立中，所以老师要制定好本班级的玩玩具规范。

2.对于表达需求仍未建立的学生，老师要增加训练次数。

3.中年级学生由于代币交换意识仍在建立之中，对于学生能做到老师的要求，根据学生的能力程度采用零食或者代币奖励相结合。

［活动评估］

学生姓名：	能否按目标做到。 说明：1.能主动做到记"2"；2.提示下能做到记"1"；3.不能做到记"0"
目　标	掌握情况
1.大课间，学生能主动跟老师说："我要玩……"	
2.大课间，学生能在老师的提示下跟老师说："我要玩……"	

第2课 得到老师的同意后，能在两种以上的玩具中选取一种

[活动目标]

1.得到老师的同意后，学生能在两种以上的玩具中选取一种。

2.得到老师的同意后，在老师的引导下，学生能在两种以上的玩具中选取一种。

[指导语]

1."想玩玩具就告诉老师。"

2."老师，我想玩这个玩具"。

[活动准备]

1.场地：教室。

2.教具：羽毛球，积木，拼图。

3.强化物：零食，代币。

[活动过程与步骤]

活动环节一：认识玩具

1.老师出示各种不同的玩具（羽毛球、积木、拼图），引导学生认识玩具名称。

2.老师："想玩玩具就告诉老师。"

活动环节二：引导学生表达："老师我想玩……"

1.学生主动表达："老师，我想玩玩具。"老师："可以。"

2. 当学生主动在（羽毛球、积木、拼图）中选择一种玩具。老师立即表扬并给予代币奖励。

3. 不懂模仿或表达的学生，老师引导他表达："老师，我想玩玩具。"老师："可以。"

4. 老师引导不懂模仿或表达的学生在（羽毛球、积木、拼图）中选择一种玩具。立即表扬并给予代币奖励。

5. 学生拿到玩具后，老师引导他找一个地方玩玩具。

6. 学生玩玩具时，老师巡回指导学生。

活动环节三：整理玩具，奖励兑换

1. 玩完玩具后，老师引导学生把玩具放回指定的位置。
2. 老师用代币兑换零食。

[活动建议]

1. 中年级的学生，由于各项规范在建立中，所以老师要制定好本班级的玩玩具规范。

2. 对于表达需求仍未建立的学生，老师要增加训练次数。

3. 中年级学生由于代币交换意识仍在建立之中，对于学生能做到老师的要求，根据学生的能力程度采用零食或者代币奖励相结合。

[活动评估]

学生姓名：	能否按目标做到。 说明：1. 能主动做到记"2"；2. 提示下能做到记"1"；3. 不能做到记"0"
目　标	掌握情况
1. 得到老师的同意后，学生能在两种以上的玩具中选取一种	
2. 得到老师的同意后，在老师的引导下，学生能在两种以上的玩具中选取一种	

第 3 课　领取玩具后，能坐回自己的位置

［活动目标］

1. 领取玩具后，学生主动坐回自己的位置。

2. 领取玩具后，在老师的引导下，学生坐回自己的位置。

［指导语］

请坐好。

［活动准备］

1. 场地：教室。

2. 教具：羽毛球，积木，拼图。

3. 强化物：零食，代币。

［活动过程与步骤］

活动环节一：认识玩具

1. 老师出示各种不同的玩具（羽毛球、积木、拼图），引导学生认识玩具名称。

2. 老师："想玩玩具就告诉老师。"

活动环节二：领取玩具后，学生主动坐回自己的位置

1. 让学生在指定的地方排队拿玩具。

2. 当学生拿到玩具后，能主动坐回自己的位置上，老师立即表扬并奖励代币。

3. 不懂模仿的学生，老师引导他领取玩具后，坐回自己的位置上，并

立即表扬并给予代币奖励。

4.学生玩玩具时，老师巡回指导学生。

活动环节三：整理玩具，奖励兑换

1.玩完玩具后，引导学生把玩具放回指定的位置。

2.老师进行代币兑换零食。

［活动建议］

1.中年级的学生，由于各项规范在建立中，所以老师要制订好本班级的玩玩具规范。

2.对于表达需求仍未建立的学生，老师要增加训练次数。

3.中年级学生由于代币交换意识仍在建立之中，对于能按老师的要求做到的学生，根据学生的能力采用零食或者代币奖励相结合。

［活动评估］

学生姓名：	能否按目标做到。 说明：1.能主动做到记"2"；2.提示下能做到记"1"；3.不能做到记"0"
目　标	掌握情况
1.领取玩具后，学生主动坐回自己的位置	
2.领取玩具后，在老师的引导下，学生坐回自己的位置	

第4课　在老师的指导下，能尝试不同的玩法

［活动目标］

1.在老师的指导下，学生主动尝试不同的玩法。

2. 在老师的指导下，学生尝试不同的玩法。

［指导语］

同学们想怎么玩？

［活动准备］

1. 场地：教室。

2. 教具：积木。

3. 强化物：零食，代币。

［活动过程与步骤］

活动环节一：认识玩具

1. 老师出示各种积木。

2. 学生说出积木的名称。

活动环节二：在老师的指导下，学生尝试不同的玩法

1. 让学生在指定的地方排队拿积木。

2. 当学生拿到积木后，能主动坐回自己的位置上。

3. 老师引导学生探索玩的方法："积木可以怎样玩？"

4. 引导学生表达："垒积木。"老师表示同意并分组进行垒积木比赛，看哪组垒得又高又快。

5. 垒积木时，老师巡回指导学生。

活动环节三：整理玩具，奖励兑换

1. 玩完玩具后，引导学生把玩具放回指定的位置。

2. 老师进行代币兑换零食。

[活动建议]

1. 中年级的学生，由于各项规范在建立中，所以老师要制订好本班级的玩玩具规范。

2. 对于表达需求仍未建立的学生，老师要增加训练次数。

3. 中年级学生由于代币交换意识仍在建立之中，对于能按老师要求做到的，根据学生的能力水平采用零食或者代币奖励结合。

[活动评估]

学生姓名：	能否按目标做到。 说明：1. 能主动做到记"2"；2. 提示下能做到记"1"；3. 不能做到记"0"
目　　标	掌握情况
1. 领取玩具后，学生主动坐回自己的位置	
2. 领取玩具后，在老师的引导下，学生坐回自己的位置	

第5课　在玩玩具过程中，碰到困难能向老师求助

[活动目标]

1. 在玩玩具过程中，碰到困难学生能主动向老师求助。

2. 在玩玩具过程中，老师的提示下，碰到困难学生能向老师求助。

[指导语]

1. 有问题就要问老师。

2. 有不明白的要主动告诉老师。

[活动准备]

1.场地：教室。

2.教具：积木，珠子 。

3.强化物：零食，代币。

[活动过程与步骤]

活动环节一：认识玩具

老师出示各种拼图和积木，并示范拼插。

活动环节二：在玩玩具过程中，碰到困难学生能主动向老师求助

1.让学生在指定的地方排队拿玩具。

2.老师提前藏起一些积木和拼图,让学生比赛拼砌,最快拼完即有奖励。

3.当学生主动告诉老师拼图或积木不够时，老师及时给予表扬或代币奖励。如学生没有发现积木或拼图不够时，老师及时给予语言提示，要求学生看看拼图或积木够不够。

4.玩积木的过程中，完成后主动告诉老师，老师立即给予奖励。

活动环节三：整理玩具，奖励兑换

1.玩完玩具后，引导学生把玩具放回指定的位置。

2.老师进行代币兑换零食。

[活动建议]

1.中年级的学生，由于各项规范在建立中，所以老师要制订好本班级的玩玩具规范。

2.对于表达需求的意识和能力仍未建立的学生，老师要增加训练次数。

3. 中年级学生由于代币交换意识仍在建立之中，对于学生能做到老师的要求，根据学生的能力采用零食或者代币奖励相结合。

[活动评估]

学生姓名：	能否按目标做到。 说明：1. 能主动做到记 "2"；2. 提示下能做到记 "1"；3. 不能做到记 "0"
目　标	掌握情况
1. 在玩玩具过程中，碰到困难学生能主动向老师求助	
2. 在玩玩具过程中，老师的提示下，碰到困难学生能向老师求助	

第 6 课　当老师说 "收拾玩具" 时，能把玩具收拾进托盘

[活动目标]

1. 当老师说 "收拾玩具" 时，学生主动把玩具收拾进托盘。

2. 当老师说 "收拾玩具" 时，在老师的提示下，学生把玩具收拾进托盘。

[指导语]

收拾玩具。

[活动准备]

1. 场地：教室。

2. 教具：积木 。

3. 强化物：零食，代币。

［活动过程与步骤］

活动环节一：认识玩具

老师出示积木，并示范拼插。

活动环节二：当老师说"收拾玩具"时，学生把玩具收拾进托盘

1. 让学生在指定的地方排队领取玩具。

2. 学生拿到玩具后，老师引导他找一个地方玩玩具。

3. 学生玩玩具时，老师巡回指导。

4. 当老师说"收拾玩具"时，学生能主动把玩具收拾进托盘，老师及时给予表扬或代币奖励。如学生没有反应，老师及时给予语言提示，学生能按要求收拾玩具进托盘，老师及时给予表扬或代币奖励。

活动环节三：奖励兑换

老师进行代币兑换零食。

［活动建议］

1. 中年级的学生，由于各项规范在建立中，所以老师要制订好本班级的玩玩具规范。

2. 对于表达需求仍未建立的学生，老师要增加训练次数。

3. 中年级学生由于代币意识仍在建立之中，对于学生能做到老师的要求，根据学生的能力采用零食或者代币奖励结合。

[活动评估]

学生姓名：	能否按目标做到。 说明：1. 能主动做到记"2"；2. 提示下能做到记"1"；3. 不能做到记"0"
目　标	掌握情况
1. 当老师说"收拾玩具"时，学生主动把玩具收拾进托盘	
2. 当老师说"收拾玩具"时，在老师的提示下，学生把玩具收拾进托盘	

第7课　能把玩具放回原处

[活动目标]

1. 学生能主动把玩具放回原处。

2. 在老师的引导下，学生能把玩具放回原处。

[指导语]

把玩具收好。

[活动准备]

1. 场地：教室。

2. 教具：积木。

3. 强化物：零食，代币。

[活动过程与步骤]

活动环节一：认识玩具

老师出示积木，并示范拼插。

活动环节二：当老师说"收拾玩具"时，学生把玩具收拾进托盘

1. 让学生在指定的地方排队领取玩具。

2. 学生拿到玩具后，老师引导他找一个地方玩玩具。

3. 学生玩玩具时，老师巡回指导。

4. 当老师说"收拾玩具"时，学生能主动把玩具放回原处，老师及时给予表扬或代币奖励。如学生没有反应，老师及时给予语言提示，学生能按要求把玩具放回原处，老师及时给予表扬或代币奖励。

活动环节三：奖励兑换

老师进行代币兑换零食。

［活动建议］

1. 中年级的学生，由于各项规范在建立中，所以老师要制订好本班级的玩玩具规范。

2. 对于表达需求仍未建立的学生，老师要增加训练次数。

3. 中年级学生由于代币交换意识仍在建立之中，对于能做到老师要求的学生，根据学生的能力采用零食或者代币奖励相结合。

［活动评估］

学生姓名：	能否按目标做到。 说明：1. 能主动做到记"2"；2. 提示下能做到记"1"；3. 不能做到记"0"
目　标	掌握情况
1. 学生主动把玩具放回原处	
2. 在老师的引导下，学生把玩具放回原处	

第8课　能选择喜欢的同学

[活动目标]

1. 能主动选择自己喜欢的同学。

2. 在老师的引导下，能选择自己喜欢的同学。

[指导语]

1. 你喜欢哪个同学？

2. 可以一起坐。

[活动准备]

1. 场地：教室。

2. 教具：积木 。

3. 强化物：零食，代币。

[活动过程与步骤]

活动环节一：组织学生领取玩具

老师组织学生领取玩具，再问学生喜欢哪个同学，可以坐到一起。

活动环节二：学生能选择喜欢的同学

1. 当学生能主动选择喜欢的同学一起玩玩具时，老师及时给予表扬或代币奖励。如学生没有反应，老师引导其找到喜欢的同学坐到一起玩玩具，学生能做到，老师及时给予表扬或代币奖励。

2. 学生玩玩具时，老师巡回指导。

活动环节三：奖励兑换

1. 老师让学生点数代币。

2. 学生用代币兑换零食。

[活动建议]

1. 在组织"选择喜欢的同学"之前，先讲好活动的要求。

2. 在组织"选择喜欢的同学"过程中，老师要不断提示学生要与同学分享玩具。

3. 在组织"选择喜欢的同学"结束后，老师要对学生好的表现进行表扬。

[活动评估]

学生姓名：	能否按目标做到。说明：1. 能主动做到记"2"；2. 提示下能做到记"1"；3. 不能做到记"0"
目　　标	掌握情况
1. 能主动选择自己喜欢的同学	
2. 在老师的引导下，能选择自己喜欢的同学	

第9课　能和同伴一起玩玩具

[活动目标]

1. 能主动和同伴一起玩玩具。

2. 在老师的引导下，能和同伴一起玩玩具。

[指导语]

1. 请你和我一起合作玩吧。

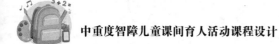

2. 我愿意和你一起合作玩。

[活动准备]

1. 场地：教室。

2. 教具：飞行棋。

3. 强化物：零食，代币。

[活动过程与步骤]

活动环节一：组织学生领取玩具

老师组织学生领取飞行棋，并让学生邀请同伴一起玩。

活动环节二：学生能选择喜欢的同学

1. 老师要求学生自己去邀请同伴一起玩。邀请的时候要有礼貌："请你和我一起下棋好吗？"如学生能主动向同伴表达，老师及时给予表扬或代币奖励。

2. 老师要求有同伴前来邀请下棋时，要有礼貌地回复："我愿意和你一起下棋。"如学生能主动表达，老师及时给予表扬或代币奖励。不懂模仿或表达的学生，老师引导他表达："我愿意。"如学生能和同伴一起玩时，老师及时给予表扬或代币奖励。

活动环节三：奖励兑换

1. 游戏结束后，要求把玩具整理好，并放回原处。

2. 老师进行代币兑换零食。

[活动建议]

1. 中年级的学生，由于各项规范在建立中，所以老师要制订好本班级的玩玩具规范。

2.对于表达需求仍未建立的学生，老师要增加训练次数。

3.中年级学生由于代币意识仍在建立之中，对于学生能做到老师的要求，根据学生的能力程度采用零食或者代币奖励相结合。

［活动评估］

学生姓名：	能否按目标做到。 说明：1.能主动做到记"2"；2.提示下能做到记"1"；3.不能做到记"0"
目　标	掌握情况
1.能主动和同伴一起玩玩具	
2.在老师的引导下，能和同伴一起玩玩具	

高年级

［目标说明］

玩玩具是我校课间80分钟的一项活动。在每间教室，会根据学生水平配备相应的玩具。这类玩具主要以建构类玩具为主，如雪花片、积木等。玩玩具是一项学生非常喜欢的活动，我们利用这一活动，训练学生听从老师指令、激发学生表达、能与同伴分享与合作的能力，此外，这类建构型的玩具也激发了学生动手操作的能力，在玩的过程中也促进了思维的发展。

高年级学生的玩玩具活动，不仅仅限于玩玩具，而是学生在大课间，有自己的想法，并能跟老师表达想做的事情，得到老师的同意后，能和同学一起合作；活动的过程，能保持安静或小声说话、不干扰别人等。以此逐渐培养学生的与人友好互动与合作以及自主控制和分配时间等能力。

第1课　能跟老师说："我要和同学一起玩。"

［活动目标］

1. 能主动和同伴一起玩玩具。

2. 在老师的引导下，能和同伴一起玩玩具。

［指导语］

1. 请你和我一起玩。

2. 我愿意和你一起玩。

［活动准备］

1. 场地：教室。

2. 教具：羽毛球。

3. 强化物：零食，代币。

［活动过程与步骤］

活动环节一：组织学生领取玩具

老师示范打羽毛球，需要一位同学协助。老师问学生哪位同学愿意协助。如有同学主动说："老师，我想和你玩。"老师立即邀请该生跟老师一起打羽毛球。

活动环节二：学生能选择喜欢的同学一起玩

1. 老师要求学生两两一组进行游戏。引导学生主动去找自己喜欢的而且又愿意和自己玩的同伴。对结成对子的小组，老师给予表扬。

2. 不懂模仿或表达的学生，老师引导他主动去跟同学沟通。

活动环节三：奖励兑换

1.游戏结束后，把使用过的物品和用具放回指定的位置，摆放好，老师给予奖励。

2.老师进行代币兑换零食。

[活动建议]

1.老师要视学生的实际情况，给予适当的引导，针对不会表达的学生要注意反复练习。

2.老师的引导要直接明了，要发挥会表达学生的示范作用。

3.随着训练次数的增加，逐步减少语言提示。

[活动评估]

学生姓名：	能否按目标做到。 说明：1.能主动做到记"2"；2.提示下能做到记"1"；3.不能做到记"0"
目　　标	掌握情况
1.能主动和同伴一起玩玩具	
2.在老师的引导下，能和同伴一起玩玩具	

第2课　得到老师的同意后,能和同学一起做想做的事情

[活动目标]

1.得到老师的同意后，主动和同学一起做想做的事情。

2.得到老师的同意后，在老师的提示下，能和同学一起做想做的事情。

[指导语]

你们想选择哪些游戏?

［活动准备］

1. 场地：教室。

2. 教具：羽毛球，飞行棋，书籍，桌子，凳子。

3. 强化物：零食，代币。

［活动过程与步骤］

活动环节一：组织学生选择游戏

1. 老师设计一个休闲活动安排表，安排表注明游戏项目。

2. 如有同学主动说："老师，我想和××玩。"老师及时奖励给予表扬或代币奖励。

活动环节二：得到老师的同意后，和同学一起做想做的事情

1. 参与游戏的同学必须主动向老师表达："老师，我想玩……"老师同意后才可以开始游戏。

2. 如学生能主动选择玩伴，并在自己选择的区域一起玩。没有反应的同学，老师给予语言提示和引导，能配合老师提示去做的，立即给予奖励。

活动环节三：奖励兑换

1. 游戏结束后，把使用过的物品和用具放回指定的位置，摆放好，老师给予奖励。

2. 老师进行代币兑换零食。

［活动建议］

1. 充分发挥学生的独立性、自主性，让学生选择适合自己的游戏。

2. 老师要视学生的实际情况，给予适当的引导，针对不会表达的学生要注意让其反复练习。

3.老师的引导要直接明了，要发挥会表达学生的示范作用。

4.随着训练次数的增加，逐步减少语言提示。

［活动评估］

学生姓名：	能否按目标做到。 说明：1.能主动做到记"2"；2.提示下能 做到记"1"；3.不能做到记"0"
目　标	掌握情况
1.得到老师的同意后，主动和同学一起做 想做的事情	
2.得到老师的同意后，在老师的提示下， 能和同学一起做想做的事情	

第3课　活动过程中，能保持安静
或小声说话，不干扰别人

［活动目标］

1.活动过程中，能主动保持安静或小声说话，不干扰别人。

2.活动过程中，在老师的提示下，能保持安静或小声说话，不干扰别人。

［指导语］

1.请保持安静。

2.玩游戏时请小声说话。

3.请不要大声吵闹。

［活动准备］

1.场地：教室。

2. 教具：飞行棋，积木，拼图。

3. 强化物：零食，代币。

[活动过程与步骤]

活动环节一：组织学生选择游戏

1. 老师设计一个休闲活动安排表，安排表注明游戏项目。

2. 如有同学主动说："老师,我想玩……"老师及时给予表扬或代币奖励。

活动环节二：学生能选择喜欢的同学

1. 老师出示各种不同的玩具（飞行棋、积木、拼图），导入活动并引导学生认识玩具。

2. 老师讲解并引导玩玩具时要注意的事项：保持安静，不得大声吵闹，如需要交流请小声说话，有事举手告诉老师。

3. 学生领取玩具后，找位置坐好。如学生能保持安静地玩玩具，老师奖励他一个代币并口头表扬。反之，老师走到学生身边轻声地要求他安静，如学生能按要求做到，老师及时表扬并奖励代币。

4. 游戏结束后，老师对玩玩具的过程中能遵守纪律学生进行表扬。

活动环节三：奖励兑换

1. 游戏结束后，把使用过的物品和用具放回指定的位置，摆放好，老师给予奖励。

2. 老师进行代币兑换零食。

[活动建议]

1. 玩玩具前，说出活动的要求规则。

2. 老师要视学生的实际情况，给予适当的引导，针对不会表达的学生要注意反复练习。

3. 增加游戏活动来教育学生学会遵守纪律。

［活动评估］

学生姓名：	能否按目标做到。 说明：1. 能主动做到记"2"；2. 提示下能做到记"1"；3. 不能做到记"0"
目　标	掌握情况
1. 做的过程中，能主动保持安静或小声说话，不干扰别人	
2. 做的过程中，在老师的提示下，能保持安静或小声说话，不干扰别人	

第七章　清洁活动

低重年级

［目标说明］

　　清洁活动是我校课间 80 分钟的一项活动，利用清洁活动这一真实的劳动场景，训练学生懂清洁、能清洁的劳动品质；同时训练学生能处理自己与环境、与物品、与同伴的关系。

　　清洁活动分为三个年级阶段，分别是低重年级、中年级、高年级，每个年级阶段训练的侧重点有所不同。由于低重年级学生的服从、互动能力较差，动手能力欠缺，所以在这一阶段，利用清洁活动这一劳动载体，训练学生服从老师指令，要求学生能在老师的指令下完成清洁活动中的一系列的劳动任务。由于低重年级学生的年龄小，能力弱，此时对他们的训练基本上要在老师的语言或动作提示下完成。这一阶段训练完成后，学生要学会服从老师指令，具备基本的动手清洁的技能，为下一步中高年级的清洁活动打下基础。

第 1 课　能把垃圾放进垃圾篓

[活动目标]

1.在老师的引导下，学生能认清垃圾篓的位置。

2.在老师的引导下，学生能把垃圾放进垃圾篓。

[指导语]

1.垃圾应该放进哪里？

2.垃圾篓在哪里？

3.××同学知道把垃圾放进垃圾篓。

[活动准备]

1.场地：教室。

2.教具：垃圾篓。

3.强化物：零食，代币。

[活动过程与步骤]

活动环节一：垃圾篓在哪里

1.老师手里拿着垃圾，故意问学生："老师手里有很多垃圾，同学们知道应该放进哪里吗？你们知不知道垃圾篓在哪里？"

2.老师带领学生到教室放置垃圾篓的地方，并指着垃圾篓说："这就是我们教室的垃圾篓，有垃圾要扔进垃圾篓。"

3.谁能告诉老师垃圾篓在哪里？对于能用语言表达的同学，老师立即给予奖励并口头表扬："××同学知道垃圾篓在哪里。"对于不会表达的学生引导学生用手指给老师看，能够指对的学生给予奖励。

活动环节二：垃圾放进垃圾篓

1. 老师手里拿着垃圾，问学生："谁来帮老师扔垃圾？"

2. 如果有学生主动举手并把老师手里的垃圾放进垃圾篓，老师立即奖励并口头表扬学生："××同学能把垃圾扔进垃圾篓。"

3. 让每个学生检查自己课桌里有没有垃圾，如果有，引导学生把垃圾扔进垃圾篓。学生能把垃圾扔进垃圾篓时，老师立即给予口头表扬："××同学，你会把垃圾放进垃圾篓。"

活动环节三：我会主动扔垃圾

1. 老师手里拿着一些纸团，经过学生身边的时候故意不小心把纸团掉在地上了，老师问："你们谁能来帮忙捡垃圾？"

2. 对于能够主动捡起垃圾并扔进垃圾篓的学生，老师及时奖励并口头表扬，不会主动帮忙的学生老师给予引导："××同学，帮老师捡垃圾可以有奖励。"

3. 学生每扔一次垃圾回来，老师就奖励一粒提子干，不帮忙的学生不奖励。捡完垃圾一定要注意引导学生去洗手。老师在奖励强化物的时候故意不小心把提子干掉在地上，然后问学生："提子干掉在地上了，怎么办？脏了不能吃，要扔掉。"能够把掉在地上的提子干扔进垃圾篓的学生，老师马上再奖励。

[活动建议]

1. 由于低重年级的学生各项规范还在建立中，所以老师要规定好教室放置垃圾篓的位置。

2. 利用课间80分钟的时间，对于规范仍未建立的学生，老师要增加训练把垃圾扔进垃圾篓的次数。

3. 由于低重年级学生的代币意识仍在建立之中，如果学生能做到老师的要求，根据学生的能力程度，可以采用零食和代币相结合的强化方式。

［活动评估］

学生姓名：	能否按目标做到。说明：1.能主动做到记"2"；2.提示下能做到记"1"；3.不能做到记"0"
目　标	掌握情况
1. 在老师的引导下，学生能说（指）出垃圾篓的位置	
2. 在老师的引导下，学生能把垃圾放进垃圾篓	

第2课　能倒垃圾

［活动目标］

1. 在老师的引导下，学生能指出垃圾篓的位置。

2. 在老师的引导下，学生能倒垃圾。

［指导语］

1. ××同学，垃圾篓的垃圾满了应该怎么做？

2. 垃圾满了，要把垃圾倒掉。

3. 垃圾应该倒去哪里呢？

4. ××同学很棒，知道把垃圾倒进垃圾篓。

［活动准备］

1. 场地：教室走廊。

2. 教具：垃圾篓。

3. 强化物：零食，代币。

［活动过程与步骤］

活动环节一：我知道垃圾篓的位置

1. 下课了，老师组织学生在走廊排队。

2. 老师指着垃圾篓，问学生："谁知道这是什么？有什么用？垃圾篓是装垃圾的。"

3. 分别让学生指出垃圾篓的位置，对于能正确指出垃圾篓位置的同学，老师立即口头表扬"××同学知道垃圾篓在哪里。"

活动环节二：我能把垃圾倒进垃圾篓

1. 在老师的示范和提示下，学生都知道了垃圾篓的位置。

2. 老师让一个学生把教室里的垃圾袋拿出来。集体走到走廊的垃圾篓旁。

3. 老师拿着垃圾袋站在垃圾篓旁，"教室的垃圾篓满了，怎么办呢？垃圾袋要放进哪里？"引导学生表达"垃圾要倒进垃圾篓。"学生表达后，让学生把垃圾袋倒进垃圾篓，并口头表扬："××同学会把垃圾放进垃圾篓。"及时地引导学生扔完垃圾要洗手。

活动环节三：我会倒垃圾

1. 老师："同学们刚才表现很好，老师奖励你们吃瓜子。"老师给每个学生发一个小碟子和几粒瓜子，要求学生吃完瓜子后把瓜子壳放进小碟子里。

2. 老师问学生："瓜子吃完了，瓜子壳怎么办？"引导学生表达："倒进垃圾篓"，对于能够把瓜子壳倒进垃圾篓的学生老师及时地提出表扬，不懂得倒垃圾的学生老师给予提示："我们的垃圾篓在哪里？把垃圾倒了。

3.学生倒完垃圾后，检查学生倒垃圾后的情况。

［活动建议］

1.由于低重年级的学生各项规范还在建立中，所以老师要规定好教室放置垃圾篓的位置。

2.利用课间80分钟的时间，对于卫生规范仍未建立的学生要增加训练次数。

3.低重年级学生由于代币意识仍在建立之中，如果学生能做到老师的要求，根据学生的能力程度可以采用零食和代币奖励相结合的强化方式。

［活动评估］

学生姓名：	能否按目标做到。 说明：1.能主动做到记"2"；2.提示下能做到记"1"；3.不能做到记"0"
目　标	掌握情况
1.在老师的引导下，学生能指出垃圾篓的位置	
2.在老师的引导下，学生会倒垃圾	

第3课　能完成清洁活动

［活动目标］

1.在老师的引导下，学生能完成扫地、拖地等清洁活动。

2.在老师的引导下，学生能参与扫地、拖地等清洁活动。

［指导语］

1.××同学，教室地板脏了怎么办？

2. 我们去拿扫把、拖把。

3. ××，这里很脏。

4. ×× 同学知道地板脏了要清洁。

5. ××，你去提水，××，你去放工具。

［活动准备］

1. 场地：教室、劳动工具放置区。

2. 教具：抹布，扫把，拖把，清水，桶，垃圾铲。

3. 强化物：零食，代币。

［活动过程与步骤］

活动环节一：我会扫地

1. 同学们，我们班的地板上有好多垃圾，应该怎么办啊？下面我们一起来扫地，好不好？

2. 进行清洁活动之前，老师先组织学生去工具房领取劳动工具。

3. 每个学生拿到扫把和垃圾铲后开始扫地。能够按照老师的要求扫地的，老师及时地给予奖励并表扬："××，你把地板扫得真干净"，如果有的同学不会扫地，老师要采用个别辅导的方式，指导学生扫地的动作要领。

4. 由于低重年级的学生动手能力还很差，大部分学生都不会扫地，扫地之前，老师可以在教室画两个大圆圈，告诉学生把所有的垃圾都扫进这个圆圈里，能够把垃圾扫进圆圈里的学生，老师及时给予奖励，不会扫的学生老师给予指导："××，往这边扫，那里有垃圾扫过来。"能够积极参与清洁活动的学生不管扫得如何，老师都要给予奖励。

5. 扫完地让学生把劳动工具归位。

活动环节二：我会拖地

1. 同学们，刚才我们把地板扫干净了，下面我们就来拖地吧。

2. 老师安排两个个子比较大的学生去提水，其他的学生拿拖把，老师帮忙拧拖把。老师先示范：拖地的时候，要从左往右，慢慢向后退着拖。

3. 让每个学生站在指定位置开始尝试拖地，如果有同学能按老师要求去拖地，老师立即口头表扬学生"××同学，你会拖地了！"如果学生不会拖地，老师要采用个别辅导的方式，引导学生做出拖地的动作，并指导学生从前到后，从左往右，学生在老师的引导下会拖地后，老师立即口头表扬学生"××同学，你会拖地了！"

4. 由于低重年级学生个子小，力气也小，不会拧拖把，可以由老师或者能力较强的学生负责换水和拧拖把，老师全程监督检查。

活动环节三：把劳动工具归位

1. 学生完成地板的清洁后，老师要求学生再检查地面是否还有垃圾或脏的地方，问："我们做完清洁后，拖把和拖桶要放哪里呢？"引导学生表达："送回工具房"，老师可以安排 2 到 3 个能力较强的学生去放工具。

2. 总结本次清洁活动的情况，对于能够认真地参与劳动的学生，老师都要给予奖励。

［活动建议］

1. 由于低重年级学生的各项规范还在建立中，所以老师要制定好本班级的清洁活动规范。

2. 利用课间 80 分钟的时间，对于清洁活动规范仍未建立的学生，老师要增加训练次数。

3. 低重年级学生由于代币交换意识仍在建立之中，如果学生能做到老师的要求，根据学生的能力程度可以采用零食和代币奖励结合的强化方式。

［活动评估］

学生姓名：	能否按目标做到。 说明：1.能主动做到记"2"；2.提示下能做到记"1"；3.不能做到记"0"
目　标	掌握情况
1.在老师的引导下，学生能参与扫地、拖地等清洁活动	
2.在老师的引导下，学生能把拖把、扫把放好	

第4课　能定期地清洁玩具、劳动工具等

［活动目标］

1.在老师的引导下，学生能清洁玩具，劳动工具等。

2.在老师的引导下，学生能把玩具和劳动工具放回原位。

［指导语］

1.××同学，班里的玩具脏了，怎么办？

2.玩具脏了，我们要洗玩具。

3.××同学知道玩具脏了要清洁。

［活动准备］

1.场地：洗手台。

2.教具：玩具，盆，扫把，刷子，洗衣粉。

3.强化物：零食，代币。

[活动过程与步骤]

活动环节一：我会清洁玩具

1.同学们，你们看看这些玩具好脏啊，我们要怎么办？

2.对于能够主动表达要去清洗玩具的学生，老师及时地奖励并口头表扬："××同学，知道玩具脏了要清洗。"对于不懂表达的学生，老师提示学生说："玩具脏了，我们去洗玩具。"

3.每个学生各负责一种玩具，站在洗手台前，老师示范怎么清洗玩具："先用盆装水，然后把玩具倒进盆里，加洗衣粉，然后用手拿起一个玩具搓干净。"如果有学生能立即模仿老师，老师立即口头表扬学生："××同学，会清洁玩具。"

4.如果学生不会洗玩具，老师要个别辅导，指导学生清洗玩具。学生在老师的引导下会清洁玩具后，老师立即口头表扬学生："××同学会清洁玩具。"

5.清洗完所有玩具后，把玩具放进篮子里，组织学生把玩具放在室外晾干。

活动环节二：我会清洗劳动工具

1.老师检查一下教室说："扫把和垃圾篓好脏啊，怎么办？"

2.如果有学生主动要求"我来清洗"，老师及时地给予奖励，没有主动表达的老师点名去清洗："××，你去洗扫把"。

3.拿好劳动工具后，集体来到洗手台，老师示范如何清洗扫把：扫把头放到洗手池里，然后把刷子淋湿，加洗衣粉，用刷子刷扫把。

4.学生开始按老师要求刷扫把和垃圾篓，能够把扫把和垃圾篓刷干净的学生，老师要及时地奖励，对洗得不干净的同学老师给予提示："××，这里还很脏，用刷子刷干净"。能够在老师的指导下清洗干净的，老师给予奖励，不动手的学生不奖励。

活动环节三：玩具、劳动工具的归位

1. 清洁完劳动工具后，引导学生把劳动工具放回原位，能够做到的老师及时奖励。

2. 老师指导学生把洗手台和地面的积水清理干净。

3. 老师检查学生放置劳动工具的规范，对于能按规范放好的学生，老师进行零食或代币奖励。

［活动建议］

1. 由于低重年级学生的各项规范还在建立中，所以老师要制定好本班级的清洁玩具、劳动工具的时间和规范。

2. 利用课间 80 分钟的时间，对于清洁玩具、劳动工具规范仍未建立的学生，老师要增加训练次数。

3. 由于低重年级学生的代币交换意识仍在建立之中，如果学生能做到老师的要求，根据学生的能力可以采用零食和代币奖励结合的强化方式。

［活动评估］

学生姓名：	能否按目标做到。 说明：1. 能主动做到记"2"；2. 提示下能做到记"1"；3. 不能做到记"0"
目　标	掌握情况
1. 在老师的引导下，学生能清洁玩具、劳动工具等	
2. 在老师的引导下，学生能把玩具和劳动工具放回原位	

第5课 能动手参与清洁

［活动目标］

1. 在老师的引导下，学生能参与清洁活动。

2. 在老师的引导下，学生能把清洁工具放好。

［指导语］

1. ××同学，教室的桌椅脏了怎么办？

2. 你要做什么？

3. ××同学知道桌椅脏了要清洁。

［活动准备］

1. 场地：教室，洗手台。

2. 教具：抹布。

3. 强化物：零食，代币。

［活动过程与步骤］

活动环节一：我们一起抹桌椅

1. 下课了，老师事先把所有抹布洗干净。组织学生排队，检查个别学生的桌子："看看这个桌子怎么样？脏。怎么办呢？"奖励回答问题的学生。老师发出指令："下面我们一起来搞清洁，把自己的桌椅抹干净。"

2. 老师手里拿着抹布，然后在学生面前说："你们知道抹布是干什么的吗？"

3. 对于能立即用语言表达的同学，老师立即口头表扬学生"××同学说得对，抹布可以用来抹桌椅。自己的桌椅自己来清洁。" 每个学生拿抹布开始抹自己的桌椅。

4. 老师辅导个别学生："××，这里还很脏，请抹这里。"

5. 老师检查所有桌椅是否已经抹干净。奖励能把自己桌椅抹干净的学生。

活动环节二：清洁后规范

1. 完成清洁任务后，老师组织学生排队。带领学生到洗手台前，辅导学生把抹布洗净并把抹布拧干，最后放回指定位置。

2. 老师检查学生放置抹布的情况，对于能完成清洁活动又能把劳动工具放好的学生给予零食或代币奖励。

［活动建议］

1. 由于低重年级学生的各项规范还在建立中，所以老师要制定好本班级的清洁活动规范。

2. 利用课间 80 分钟的时间，对于清洁活动规范仍未建立的学生，老师要增加训练次数。

3. 低重年级学生由于代币意识仍在建立之中，如果学生能达到老师的要求，根据学生的能力可以采用零食和代币奖励相结合的强化方式。

［活动评估］

学生姓名：	能否按目标做到。 说明：1. 能主动做到记"2"；2. 提示下能做到记"1"；3. 不能做到记"0"
目　标	掌握情况
1. 在老师的引导下，学生能动手参与清洁活动	
2. 在老师的引导下，学生能把清洁工具放好	

第 6 课　能向老师索取劳动奖励

[活动目标]

1. 在老师的引导下，没有言语能力的学生能用动作或手势向老师索取劳动报酬。

2. 在老师的引导下，学生能表达"老师我完成任务了，我要代币（零食）"。

[指导语]

1. 你们想吃饼干吗？

2. ××同学，快点捡。

3. 完成任务要告诉老师，跟老师要饼干。

4. ××，这里还很脏。

5. ××同学很棒，会跟老师拿饼干。

[活动准备]

1. 场地：教室。

2. 教具：零食，代币。

3. 强化物：零食。

[活动过程与步骤]

活动环节一：收拾桌椅，我最棒

1. "同学们，老师这里有饼干，你们想不想吃呀？"学生回答："想。"

2. 老师提出检查学生桌椅的要求："你们的桌椅好乱呀，下面我们来收拾干净摆整齐。谁收拾好了，举手告诉老师，老师奖励饼干。"

3. 学生一边收拾, 老师一边检查, 老师拿着代币 (零食), 故意在学生面前说: "哪位同学完成了劳动任务? 老师有奖励"。

4. 如果有学生收拾完后立即向老师表达"老师, 我收拾完了, 我要吃饼干", 老师立即奖励小饼干并口头表扬学生"××同学完成任务会向老师要代币 (零食)"。

5. 如果学生不懂得表达, 老师要采用引导的方式, 问他: "你完成劳动任务了吗?""完成了, 要干什么?"引导学生表达出: "我要代币 (零食)。"学生在老师的引导下表达出"我要代币 (零食)"后, 老师立即口头表扬学生"××同学很棒, 能向老师要代币 (零食)。

6. 对于不能用语言表达的学生, 老师要教会学生用动作进行表达, 用手指代币 (零食)。

活动环节二: 地板脏了

1. 同学们, 刚刚收拾完桌椅, 你们把纸屑都掉在地上了, 下面我看谁可以把地上的垃圾捡干净, 并告诉老师, 老师就奖励你们吃提子干, 好不好?

2. 对于捡完垃圾能够主动举手告诉老师, 并跟老师要奖励的学生, 老师及时奖励一粒提子干并表扬说: "你捡完垃圾会跟老师要提子干吃。"对于表达了但是还没捡干净的学生, 老师让他继续捡, 直到捡干净才奖励。

3. 能力好的学生, 老师可以让他去帮助能力差的学生, 让他帮忙一起捡, 捡。完懂得向老师表达的, 老师及时奖励, 不去捡的学生没有奖励。

活动环节三: 我会摆好桌椅

1. 同学们, 我们准备去吃饭了, 下面请把你们的桌椅摆整齐, 摆好了向老师要饼干, 老师奖励饼干吃。

2. 对于摆完桌椅懂得主动向老师表达: "老师, 我摆好了, 我要饼干。"

老师及时地奖励一个小饼干，对于还没摆好的学生，老师给予提示："你的椅子还没摆好。"在老师的提示下能完成任务并索取零食的，老师要及时奖励小饼干。

3.能力较差不懂得摆桌椅的学生可以让能力较强的学生帮忙摆，摆好后懂得向老师表达的学生奖励一块小饼干，老师引导没有语言表达能力的学生用动作告诉老师已经完成任务了。

[**活动建议**]

1.由于低重年级学生的各项规范还在建立中，所以老师要制定好本班级的奖罚规范。

2.利用课间 80 分钟的时间，对于向老师索取劳动报酬的意识仍未建立的学生，老师要增加训练次数。

3.低重年级学生由于代币意识仍在建立之中，如果学生能做到老师的要求，根据学生的能力可以采用零食和代币奖励相结合的强化方式。

[**活动评估**]

学生姓名：	能否按目标做到。 说明：1.能主动做到记"2"；2.提示下能做到记"1"；3.不能做到记"0"
目　标	掌握情况
1.在老师的引导下，没有言语能力的学生能用动作或手势向老师索取劳动报酬	
2.在老师的引导下，学生能表达"老师我完成任务了，我要代币（零食）"	

中年级

[**目标说明**]

清洁活动是我校课间 80 分钟的一项活动，利用清洁活动这一真实的劳动场景，训练学生懂清洁，能清洁的劳动品质；同时训练学生能处理自己与环境、与物品、与同伴的关系。

学生经过低重年级的清洁活动训练后，他们具备了基本的服从能力、简单的动手能力。那么学生升到中年级后，对他们的要求会逐渐提高。首先，老师对他们的提示次数要逐渐减少；其次，老师的提示要从动作提示转变成语言提示，更多地激发学生主动参与、主动动手的意识。在个人清洁方面，对学生的要求是能主动关注自己的仪容仪表；在场室清洁方面，学生要懂得遵守教室内的卫生制度，如懂得根据值日表的分工去完成自己分内的事情。这一阶段训练完之后，中年级的学生必须具备：主动服从老师的指令；具备扫、拖、抹的清洁能力；能按要求完成自己分内的劳动；逐渐建立劳动后索要劳动报酬的意识。

第1课　在老师的提示下，能看懂值日表，并完成指定的任务

［活动目标］

1. 在老师的提示下，学生会看值日表，清楚自己的值日任务。

2. 在老师的提示下，学生能按值日要求完成指定的清洁任务。

［指导语］

1. 哪个同学看了值日表？

2. 记得看值日表。

3. 知道自己是做什么的吗？

4. 按值日要求完成任务。

［活动准备］

1. 场地：教室。

2. 教具：扫把，拖把，拖桶，垃圾铲，抹布，水盆等。

3. 强化物：代币。

［活动过程与步骤］

活动环节一：会看值日表，清楚自己的值日任务

1. 开学第一天，老师做好值日表，包括抹讲台、扫地、拖地、倒垃圾等。对学生提出要求：每天早晨回到教室，看值日表。按值日表完成清洁任务。

2. 每天早晨回到教室，老师提示学生："哪个同学看了值日表？知道自己是做什么的吗？"

3. 学生逐个回答，老师逐个核对学生的回答是否准确。

4. 如果学生回答准确，老师立即给予口头表扬或奖励代币。

5. 如果学生不能回答出来，或回答错了，老师提醒学生："再看看值日表，一会儿告诉我。"

6. 直至所有学生都回答出自己值日的任务。老师奖励代币。

活动环节二：按值日要求完成指定的清洁任务

1. 开始阶段，老师对每项值日任务做简要的要求，包括清洁的范围、清洁的程度、清洁的时间等。

2. 下午，清洁时间到，老师给予提示："到时间清洁了，同学们完成自己的清洁任务。"

3. 学生按值日表领取清洁工具。

4. 学生进行清洁工作，老师进行巡视，并适时给予指导。根据清洁质量奖励代币。

5. 在规定的时间完成清洁任务后，学生收拾清洁工具，并放回原处。

[活动建议]

1. 中年级的学生已经建立了基本的清洁规范，但还未具备一定的清洁技能，所以老师要培养学生的清洁技能。

2. 利用清洁的时间，对于值日情况仍未达到要求的学生，老师要增加训练次数。

3. 中年级学生采用奖励代币的强化方式。

[活动评估]

学生姓名：	能否按目标做到。 说明：1. 能主动做到记"2"；2. 提示下能做到记"1"；3. 不能做到记"0"
目　标	掌握情况
1. 在老师的提示下，学生会看值日表，清楚自己的值日任务	
2. 在老师的提示下，学生能按值日要求完成指定的清洁任务	

第2课　在老师的指导下，能掌握基本的清洁技能（如洗抹布，拧抹布，扫地等）

[活动目标]

1. 在老师的指导下，学生能在操作中明白基本的清洁技能要求。

2. 在老师的指导下，学生能掌握基本的清洁技能。

[指导语]

1. 看看老师是怎么做的？

2. 你们做做看。

［活动准备］

1. 场地：教室，洗手池。

2. 教具：水盆，抹布，洗衣粉，扫把，垃圾铲等。

3. 强化物：代币。

［活动过程与步骤］

活动环节一：学生练习洗抹布、拧抹布

1. 老师组织学生围站在洗手池旁边，观察老师洗抹布的示范。

2. 老师示范：准备一个盆子，放上半盆水，把抹布泡进水中充分浸泡，往抹布上撒一点儿洗衣粉，用手搓，将抹布搓出泡泡，洗几分钟后把水倒掉，换清水冲洗。洗干净之后，对折抹布，用力拧干。

3. 老师让每个学生按老师示范的步骤进行练习。

4. 学生练习的过程中，老师手把手教能力较弱的学生。

5. 平时的清洁，老师要求学生只要充分浸泡抹布洗干净即可，不需要用洗衣粉。

活动环节二：学生练习扫地

1. 老师提前在地上撒一些纸屑垃圾。老师示范正确的扫地方法：（1）左手拿垃圾铲，右手拿扫把；（2）把垃圾扫到一堆，然后用扫把把垃圾扫进垃圾铲；（3）按顺序扫；（4）有人路过先停下。

2. 学生开始练习扫地。按老师要求完成扫地任务的，给予代币奖励。

3. 老师针对学生的练习情况进行点评，指导个别学生。

［活动建议］

1. 中年级的学生已经建立了基本的清洁规范，但未具备一定的清洁技能，所以老师要培养学生的清洁技能。

2. 利用清洁的时间，对于值日情况仍未达到要求的学生，老师要增加训练次数。

3. 中年级学生采用奖励代币的强化方式。

［活动评估］

学生姓名：	能否按目标做到。 说明：1. 能主动做到记"2"；2. 提示下能做到记"1"；3. 不能做到记"0"
目　标	掌握情况
1. 在老师的指导下，学生能在操作中明白基本的清洁技能要求	
2. 在老师的指导下，学生能掌握基本的清洁技能	

第3课　每月，在老师的提示下，能定期
清洁玩具、劳动工具等

［活动目标］

1. 在老师的提示下，学生能讨论出每月清洁玩具、劳动工具的时间，并固定下来。

2. 在老师的提示下，学生能对使用过的玩具、劳动工具进行清洁。

3. 在老师的提示下，学生对清洁的玩具、劳动工具进行晾晒。

4. 在老师的提示下，学生能把晾晒干的玩具、劳动工具收拾起来，并放回原处。

[指导语]

1. 把使用过的玩具、劳动工具整理出来。

2. 清洁玩具、劳动工具。

3. 洗好了，就拿去晾晒。

4. 晾干了吗？

5. 晾干了，就要收拾回教室。

6. 分类整理好，再放回原处。

[活动准备]

1. 场地：教室，走廊。

2. 教具：玩具，劳动工具，洗洁用品（水盆、抹布等）。

3. 强化物：代币。

[活动过程与步骤]

活动环节一：学生讨论每月定期清洁的时间，并固定下来

1. 开学初，老师组织学生讨论：每月固定一个时间段，进行清洁活动。

2. 在学生讨论的过程中，老师适当提出自己的见解，如每月清洁的东西会比较多，时间上要长些。

3. 老师根据学生的讨论，做简要说明，确定一个固定清洁时间。

4. 制作清洁时间表。每个学生要清楚清洁任务和时间。

活动环节二：学生进行清洁活动，并将清洁后的玩具、劳动工具进行晾晒

1. 到了每月清洁时间，老师提示学生整理出当月使用过的玩具、劳动工具。

2. 老师根据整理出的东西的多少，分配清洁任务。

3. 学生领取任务后，自行拿清洁工具。在老师的指导下到指定的地点清洗玩具、劳动工具。

4. 老师指导学生清洗流程分为三次，第一次是用清洁剂进行清洗，后两次是用清水。

5. 完成任务后，老师指导学生把清洁工具收拾好，奖励代币。

活动环节三：学生能把晾晒干的玩具，劳动工具收拾起来，并放回原处

1. 老师指导学生将清洁后的玩具、劳动工具拿到有太阳照射的地方进行晾晒。

2. 老师观察学生是否懂得先倒干净清洁后的积水再进行晾晒。

3. 如果学生不能按要求晾晒玩具，老师立即进行示范。

4. 学生能在老师示范后做到，老师立即进行口头表扬："对了，要倒掉积水再晾晒。"奖励做得好的学生。

5. 晾晒几个小时后，老师提醒学生将晾晒的玩具、清洁工具收拾回教室。

6. 老师指导学生将玩具分类整理，并放回原处。

［活动建议］

1. 中年级的学生已经建立基本的清洁规范，但未具备一定的清洁技能，所以老师要培养学生的清洁技能。

2. 利用清洁的时间，对于值日情况仍未达到要求的学生，老师要增加训练次数。

3. 中年级学生采用奖励代币的强化方式。

［活动评估］

学生姓名：	能否按目标做到。 说明：1. 能主动做到记"2"；2. 提示下能做到记"1"；3. 不能做到记"0"
目　标	掌握情况
1. 在老师的提示下，学生能讨论出每月清洁玩具的时间，并固定下来	
2. 在老师的提示下，学生能对使用过的玩具、劳动工具进行清洁	
3. 在老师的提示下，学生对清洁的玩具、劳动工具进行晾晒	
4. 在老师的提示下，学生能把晾晒干的玩具、劳动工具收拾起来，并放回原处	

第4课　服从老师的劳动分工，按时完成劳动任务

［活动目标］

1. 学生能服从老师的劳动分工。

2. 学生能按时完成劳动任务。

［指导语］

1. 看看劳动分工，知道自己做什么吗？

2. 在规定的时间内，完成劳动。

［活动准备］

1. 场地：教室。

2. 教具：劳动工具。

3. 强化物：代币。

[活动过程与步骤]

活动环节一：学生服从老师的劳动分工

1. 老师问："谁知道我们每天几点做操？几点要清洁？"

2. 提示学生，提问表现较好的学生回答："上午 9 点 30 分做操，下午 4 点 30 分要清洁。"

3. 老师根据学生的回答情况进行补充或纠正。

4. 老师拿出钟表，让学生摆一摆几个具体的时间：9 点 30 分，4 点 30 分等。

5. 学生能摆对时间，老师立即给予口头表扬并奖励代币。

6. 老师拿出班级值日表，让每个学生说出自己的劳动任务。询问学生是否对劳动任务有意见，如果没有就按值日表来开始劳动。

活动环节二：学生按时完成劳动任务

1. 劳动时间到，老师提示学生按时进行劳动。

2. 如果有学生立即进行劳动，老师立即给予口头表扬。

3. 如果学生还不懂得按时进行劳动，老师则给予提示："劳动时间结束，就要完成劳动任务，不然，不能获得报酬哦。"

4. 劳动时间到，老师检查学生是否按时完成劳动任务。

5. 能按时完成劳动任务的学生，能够获得代币奖励，如果没完成，则没有代币。

[活动建议]

1. 中年级的学生已经建立了基本的清洁规范，但未具备一定的清洁技能，所以老师要培养学生的清洁技能。

2. 利用清洁的时间，对于值日情况仍未达到要求的学生，老师要加强辅导和训练次数。

3. 中年级学生采用奖励代币的强化方式。

［活动评估］

学生姓名：	能否按目标做到。 说明：1. 能主动做到记"2"；2. 提示下能 做到记"1"；3. 不能做到记"0"
目　标	掌握情况
1. 学生能服从老师的劳动分工	
2. 清洁时间结束，学生能完成劳动任务	

第 5 课　主动索取劳动报酬

［活动目标］

1. 在老师的提示下，学生能看懂劳动报酬表。

2. 劳动后，学生能主动索取劳动报酬。

［指导语］

1. 这是劳动报酬表。

2. ×× 劳动有多少代币？

3. 看清楚报酬表。

4. 劳动完成后，记得找老师拿报酬。

［活动准备］

1. 场地：教室。

2. 教具：劳动工具。

3. 强化物：代币。

[活动过程与步骤]

活动环节一：设计劳动报酬表

1. 老师组织学生讨论：什么劳动项目，可以得到多少代币？

2. 老师针对学生的讨论进行小结，并形成班级的劳动报酬表。

3. 老师组织学生制作劳动报酬表。

4. 劳动报酬表制作好后，老师问："谁能告诉我，什么项目能得到多少代币？"

5. 如果学生回答准确，老师立即给予口头表扬："××同学，说得很对！"

6. 如果学生没有说对，老师引导学生认识劳动报酬表。

活动环节二：劳动后，学生能主动索取劳动报酬

1. 每日学生清洁后，能互相评价清洁情况。

2. 老师对清洁情况做出简要的小结。

3. 老师观察学生是否懂得主动索取劳动报酬。

4. 如果学生懂得主动跟老师索取劳动报酬，老师提示："几个代币？"让学生再次看劳动报酬表。

5. 如果学生不懂得主动索取劳动报酬，老师则给予提示："××同学，你做了什么任务？有几个代币？"

6. 如果老师提示了，学生还不懂得要代币，老师则设计出使用代币的活动，如兑换饭票，或是兑换食物等，引导学生主动索要代币。

[活动建议]

1. 中年级的学生已经建立了基本的交换意识，但还没养成索取报酬的行为习惯。

2. 利用清洁的时间进行劳动训练，老师要多次训练学生主动索取报酬，学会用代币兑换食物。

3. 中年级学生采用奖励代币的强化方式。

［活动评估］

学生姓名：	能否按目标做到。 说明：1. 能主动做到记"2"；2. 提示下能做到记"1"；3. 不能做到记"0"
目　标	掌握情况
1. 在老师的提示下，学生能看懂劳动项目的报酬表	
2. 劳动后，学生能主动索取劳动报酬	

高年级

［目标说明］

清洁活动是我校课间 80 分钟的一项活动，利用清洁活动这一真实的劳动场景，训练学生懂清洁、能清洁的劳动品质；同时训练学生能处理我与环境、我与物品、我与同伴的关系。

学生进入高年级，他们经过了一系列的训练之后，服从、互动意识都比较好。三年后，他们即将毕业进入社会，因此，在清洁活动中，对他的劳动质量要求会更高，对他们的劳动品质要求更严格。首先，他们必须具备主动的意识，老师的职能是给予他们激励，老师基本做到少说少做，清洁活动完全由学生承担。其次，他们要具备的劳动品质：与人合作、按时按质完成任务、主动获取劳动报酬。高年级的学生毕业之前，他们要具备较强的清洁能力，能承担家居清洁的工作，能胜任各种场室的清洁工作。

第1课　每天，按值日要求完成指定的清洁任务

［活动目标］

1. 每天，学生能看值日表，清楚自己的值日任务。

2. 学生按值日要求完成指定的清洁任务。

［指导语］

1. 哪个同学看了值日表？

2. 记得看值日表。

3. 你是什么值日任务？

4. 按值日要求完成任务。

［活动准备］

1. 场地：教室。

2. 教具：扫把，拖把，拖桶，垃圾铲，抹布，水盆等。

3. 强化物：代币。

［活动过程与步骤］

活动环节一：学生会看值日表，清楚自己的值日任务

1. 开学第一天，老师做好要求：每天上午回到教室，看值日表。按值日表完成清洁任务。

2. 每天早晨回到教室，老师观察学生是否自觉看值日表。

3. 老师逐个问学生："请告诉我，你今天的值日任务是什么？"学生依次回答。

4. 如果学生能回答出，老师立即给予口头表扬。

5.如果学生回答不出来,或回答错了,老师提醒学生:"再看看值日表,一会儿告诉我。"

6.开始阶段,老师对每项值日任务做简要的要求,包括清洁的范围、清洁的程度、清洁的时间等。

活动环节二:学生按值日要求完成指定的清洁任务

1.清洁时间到,学生按值日任务领取清洁工具。

2.学生进行清洁工作时,老师进行巡视,确保环境的安全。

3.在清洁时间结束前,学生收拾清洁工具,并放回原处。

4.老师提示学生看时钟开始清洁和结束清洁,最后进行小结。

5.老师对学生的清洁情况用代币进行奖励。

［活动建议］

1.高年级的学生具备了一定的清洁能力,并建立一定的清洁规范。所以老师要培养学生看值日表的习惯。

2.利用清洁的时间,对于值日情况仍未达到要求的学生,老师要增加训练次数。

3.高年级学生尽量采用社会性奖励。

［活动评估］

学生姓名:	能否按目标做到。 说明:1.能主动做到记"2";2.提示下能做到记"1";3.不能做到记"0"
目　　标	掌握情况
1.每天,学生能看值日表,清楚自己的值日任务	
2.学生按值日要求完成指定的清洁任务	

第 2 课　每月，能定期清洁玩具、劳动工具等

[活动目标]

1. 学生能讨论出每月定期清洁的时间，并固定下来。

2. 学生能把使用过的玩具、劳动工具进行清洁。

3. 学生把清洁的玩具、劳动工具进行晾晒。

4. 学生能把晾晒干的玩具、劳动工具收拾起来，并放回原处。

[指导语]

1. 你们说说，定一个固定的清洁时间。

2. 把使用过的玩具、劳动工具整理出来。

3. 清洁玩具、劳动工具

4. 洗好了，就拿去晾晒。

5. 晾晒干了吗?

6. 晾晒干了，就要收拾回教室。

[活动准备]

1. 场地：教室，清洗处。

2. 教具：玩具，劳动工具，洗洁用品（水盆、刷子、洗衣粉等）。

3. 强化物：代币。

[活动过程与步骤]

活动环节一：学生能讨论出每月定期清洁的时间，并固定下来

1. 开学初，老师组织学生讨论：每月固定一个时间段，清洁玩具和劳动工具。

2.学生在讨论的过程中，老师适当提出自己的建议，如每月清洁的东西会比较多，时间上要较长些。

3.老师引导学生分析，并做出表决。

4.老师公布学生一致的表决，确定一个固定清洁时间。

活动环节二：学生进行清洁活动，并对清洁后的玩具、劳动工具进行晾晒

1.到了每月清洁时间，老师提醒学生整理出当月使用过的玩具、劳动工具。

2.老师根据整理出的东西的多少，分配清洁任务。

3.学生领取任务后，到指定的清洗地点清洗玩具、劳动工具。

4.老师引导学生清洗流程分为三次，第一次是用洗洁剂进行清洗，后两次是过两遍清水。

5.清洁完成后，学生把清洁物品收拾好。

活动环节三：学生能把晾晒干的玩具、劳动工具收拾起来，并放回原处

1.学生将清洁后的玩具、劳动工具拿到有太阳照射的地方进行晾晒。

2.老师观察学生是否懂得先过滤掉清洁后的积水再进行晾晒。

3.如果学生还不懂得，老师立即进行示范。

4.学生能在老师示范后做到，老师立即进行口头表扬："对了，就是先倒掉积水再晾晒。"

5.晾晒几个小时后，学生将晾晒的玩具、清洁工具收拾回教室。

6.学生将玩具分类整理，并放回原处。

[活动建议]

1.高年级的学生具备一定的清洁能力，并建立了一定的清洁规范。所

以老师要培养学生看值日表的习惯。

2.利用清洁的时间，对于值日情况仍未达到要求的学生，老师要增加训练次数。

3.高年级学生尽量采用社会性奖励。

［活动评估］

学生姓名：	能否按目标做到。说明：1.能主动做到记"2"；2.提示下能做到记"1"；3.不能做到记"0"
目　标	掌握情况
1.学生能讨论出每月定期清洁的时间，并固定下来	
2.学生能把使用过的玩具、劳动工具进行清洁	
3.学生把清洁的玩具、劳动工具进行晾晒	
4.学生能把晾晒干的玩具、劳动工具收拾起来，并放回原处	

第3课　能按老师给出的标准互相评价同学的清洁质量

［活动目标］

1.学生能懂得每项清洁任务的要求。

2.学生能互相评价清洁质量。

［指导语］

1.××同学，你负责什么清洁任务？

2.有什么要求？

3.你来说说××同学做得怎样？

4.××同学知道清洁的要求。

［活动准备］

1.场地：教室。

2.教具：清洁工具。

3.强化物：代币。

［活动过程与步骤］

活动环节一：学生能懂得每项清洁任务的要求

1.老师故意问："哪个同学知道××清洁任务要做到怎样的要求？"

2.请表现较好的学生回答。

3.老师根据学生的回答，进行补充或纠正。强调清洁要有质量。否则没有奖励，还要重新做。

活动环节二：学生能互相评价清洁质量

1.学生按值日表进行清洁。

2.老师巡视、观察学生的清洁情况。

3.清洁结束后，老师组织学生进行互评清洁情况。

4.如果学生能按清洁的要求进行点评，老师立即给予口头表扬："××同学说得很好，说的几点都是清洁的关键。"

5.如果学生没有语言能力，老师则提示学生用"大拇指"表示很好，用"√"表示还行，用"×"表示清洁程度不够好。

活动环节三：老师对学生的互评情况进行小结

1.老师肯定学生的劳动成果。

2.老师根据学生的互评情况，进行小结：清洁工具摆放回原位；按清洁任务要求进行清洁；清洁时要专心细致等。

［活动建议］

1.高年级的学生具备一定的清洁能力，并建立了一定的清洁规范，老师要培养学生看值日表的习惯。

2.利用清洁的时间，对于值日情况仍未达到要求的学生，要增加训练次数。

3.高年级学生尽量采用社会性奖励。

［活动评估］

学生姓名：	能否按目标做到。 说明：1.能主动做到记"2"；2.提示下能做到记"1"；3.不能做到记"0"
目　　标	掌握情况
1.学生能懂得每项清洁任务的要求	
2.学生能互相评价清洁质量	

第4课　能按时开始劳动

［活动目标］

1.学生能看懂钟表所指的清洁时间。

2.清洁时间到，学生能按时进行劳动。

［指导语］

1.几点钟清洁？

2.是4点30分。

3.××同学能按时劳动。

[活动准备]

1. 场地：教室。

2. 教具：劳动工具。

3. 强化物：代币。

[活动过程与步骤]

活动环节一：学生看钟表学习时间

1. 老师问："谁知道几点要做什么事情？"

2. 学生回答："9 点 30 分要做操；下午 4 点要训练；下午 4 点 30 分要清洁……"

3. 老师根据学生的回答情况进行补充，或纠正。

4. 老师拿出钟表，让学生摆一摆几个具体的时间：9 点 30 分，4 点，4 点 30 分等。

5. 学生能摆对时间，老师立即给予口头表扬。

活动环节二：学生按时进行劳动

1. 劳动时间到，老师观察学生是否懂得按时进行劳动。

2. 如果有学生懂得按时进行劳动，老师立即给予口头表扬。

3. 老师在表扬懂得按时劳动的学生的时候，同时观察其他学生是否懂得行动起来。

4. 如果学生还不懂得按时进行劳动，老师则给予提示："××同学，劳动时间到了。"

5. 劳动结束，老师在小结时强调：要按时进行劳动，超时没有奖。

[活动建议]

1. 高年级的学生具备一定的清洁能力，并建立了一定的清洁规范。所以老师要培养学生看值日表的习惯。

2.利用清洁的时间，对于值日情况仍未达到要求的学生，老师要增加训练次数。

3.高年级学生尽量采用社会性奖励。

［活动评估］

学生姓名：	能否按目标做到。 说明：1.能主动做到记"2"；2.提示下能做到记"1"；3.不能做到记"0"
目　　标	掌握情况
1.学生能看懂钟表所指的清洁时间	
2.清洁时间到，学生能按时进行劳动	

第5课　能与同学合作完成任务

［活动目标］

1.学生知道和谁一起做一项清洁任务。

2.两名以上的学生能分工合作完成任务。

［指导语］

1.××同学，××同学，你们负责同一项任务。

2.你们怎么分工？

3.会分工了。

4.谁来做完成情况的检查？

5.还是交叉检查？

6.你们自己决定。

[**活动准备**]

1. 场地：教室。

2. 教具：清洁工具，劳动工具。

3. 强化物：代币。

[**活动过程与步骤**]

活动环节一：学生知道和谁一起完成清洁任务

1. 提前一天，老师做好值日表，值日表至少每两人负责一个项目。

2. 当天清洁时间到，老师观察学生是否看懂值日表，故意问："谁能说出 ×× 清洁任务是谁负责？"

3. 如果学生能说出，老师立即给予口头表扬。

4. 老师提问："你们知道怎样分工吗？"

5. 如果学生能说出："一人做一部分，有做不完的，最后再一起做。"老师立即竖起大拇指表扬。

6. 如果学生不能说出，老师给予引导："可以先分开负责一部分，最后再一起做。待完成后，互相检查完成情况。如果检查出不合格，就立即清洁，直至达到要求。"

活动环节二：学生分工合作完成任务

1. 学生按任务领取清洁工具。

2. 老师观察学生的分工情况。

3. 如果发现学生的分工情况不妥当，老师立即给予提示："先分开负责一部分。"

4. 学生示意完成清洁时，老师问："检查过了吗？"

5. 如果学生还没互相检查清洁情况，就要立即进行检查。

6. 学生检查好后，老师再进行检查，指出存在清洁死角的地方。

7. 学生针对清洁死角再次清洁。

活动环节三：老师检查学生合作完成任务的情况

1. 学生清洁好后，老师进行检查。

2. 老师根据清洁过程中学生间的分工合作情况和检查情况进行点评：××同学和××同学是分开负责一定的清洁范围，最后进行交叉检查清洁情况，保证清洁程度。××同学和××同学可以再努力一些，一样可以像他们那样做得很好。

3. 老师对于能分工合作的学生进行代币奖励。

[活动建议]

1. 高年级的学生具备一定的清洁能力，并建立了一定的清洁规范。所以老师要培养学生看值日表的习惯。

2. 利用清洁的时间，对于值日情况仍未达到要求的学生，老师要增加训练次数。

3. 高年级学生尽量采用精神奖励。

[活动评估]

学生姓名：	能否按目标做到。 说明：1. 能主动做到记"2"；2. 提示下能做到记"1"；3. 不能做到记"0"
目　标	掌握情况
1. 学生知道和谁一起做一项清洁任务	
2. 两名以上的学生能分工合作完成任务	

第6课　主动索取劳动报酬

［活动目标］

1. 学生能看懂劳动报酬表。

2. 劳动后，学生能主动索取劳动报酬。

［指导语］

1. 这是劳动报酬表。

2. ×× 劳动有多少代币？

3. 看报酬表。

4. 劳动后，记得找老师拿报酬。

［活动准备］

1. 场地：教室。

2. 教具：清洁工具。

3. 强化物：代币。

［活动过程与步骤］

活动环节一：设计劳动报酬表

1. 老师组织学生讨论：什么劳动项目可以得到多少代币？

2. 老师针对学生的讨论进行小结，并形成班级的劳动报酬表。

3. 老师组织学生制作劳动报酬表。

4. 劳动报酬表制作好后，老师问："谁能告诉我，什么项目得到多少代币？"

5. 如果学生回答准确，老师立即给予口头表扬："×× 同学，说得很对！"

6. 如果学生没有说对，老师引导学生认识劳动报酬表。

活动环节二：劳动后，学生能主动索取劳动报酬

1. 学生清洁后，能互相评价清洁情况。

2. 老师对清洁情况做出简要的小结。

3. 老师观察学生是否懂得主动索取劳动报酬。

4. 如果学生懂得主动跟老师索取劳动报酬，老师提示："你可以获得几个代币？"让学生再次看劳动报酬表。

5. 如果学生不懂得主动索取劳动报酬，老师则不给予提示，而是设计使用代币的活动，如兑换饭票，或是兑换食物等。

6. 直到未主动索取报酬的学生懂得跟老师要，老师才给。

［活动建议］

1. 高年级的学生已经建立了基本的交换意识，但还没养成索取报酬的行为习惯。

2. 利用清洁的时间，对于仍然不会兑换的学生，老师要增加训练次数。

3. 高年级学生尽量采用社会性奖励。

［活动评估］

学生姓名：	能否按目标做到。 说明：1. 能主动做到记"2"；2. 提示下能做到记"1"；3. 不能做到记"0"
目　标	掌握情况
1. 学生能看懂劳动项目的报酬表	
2. 劳动后，学生能主动索取劳动报酬	

第八章　换购活动

低重年级

[目标说明]

　　换购活动是我校课间 80 分钟的一项活动，利用换购活动，训练学生服从老师，清楚换购规则，了解代币的用途和使用方法，建立代币意识。

　　换购活动分三个年级阶段，分别是低重年级、中年级、高年级，每个年级阶段训练的侧重点有所不同。低重年级学生，由于他们的服从能力还未形成，还没有建立规则意识，所以主要训练学生服从老师的指令，熟悉代币的作用，建立代币保管意识、代币兑换意识，通过换购活动，建立学生的基本的点数概念。为下一步中高年级的换购活动打下基础。

第 1 课　完成任务后，能找老师领取代币

[活动目标]

1.完成某项任务后，在老师的提示下，学生能找老师拿代币。

2.换取食物时，会数自己得到多少个代币。

[指导语]

1.同学们，做好了，可以到老师这里拿代币。

2.老师给代币时要说什么啊？

3.××同学，去找老师要代币。

4.数一数，你有多少个代币。

[活动准备]

1.场地：教室。

2.强化物：代币，零食。

[活动过程与步骤]

活动环节一：我会洗抹布

1.老师跟学生说明：现在我们清洁教室，要拿什么清洁呢？引导学生去拿抹布。

2.老师示范如何洗抹布。

3.进行洗抹布大赛：对能把抹布洗干净并拧干的同学，老师引导学生去老师那里领取代币作为奖励，老师要引导学生表达："老师我要代币。"

活动环节二：我会抹台

1.老师先示范如何抹桌椅：把抹布折好，用力擦桌椅，包括桌椅的腿都要擦到。

2.学生操作。对于能很认真抹干净自己台面的同学，老师引导学生去老师那里领取代币作为奖励，老师要引导学生表达："老师我要代币。"

活动环节三：代币兑换零食

1.老师开始进行代币换购活动。

2.学生能点数自己的代币，满足换购条件后，老师给予代币兑换。

[活动建议]

1.低重年级学生由于规范还没养成，老师要建立好班级的代币规则，有奖有扣，让学生明白。

2.要在活动中让学生明白，做得好，服从老师，就会得到代币，然后换到零食吃。

3.不要求学生能正确数数，只是建立点数的概念。

[活动评估]

学生姓名：	能否按目标做到。 说明：1.能主动做到记"2"；2.提示下能做到记"1"；3.不能做到记"0"
目　标	掌握情况
1.在老师的提示下，学生能到老师那里拿代币	
2.学生知道代币可以换到零食吃	
3.学生能进行简单的点数	

第2课　能保管代币

[活动目标]

1.学生会简单的点数代币。

2.学生会把代币放进口袋，不丢失。

[指导语]

1. 同学们，数数你有几个代币？

2. 把代币放到口袋里。

3. ××同学真棒，能保管好自己的代币。

[活动准备]

1. 场地：操场。

2. 强化物：代币，零食。

[活动过程与步骤]

活动环节一：我会数代币

1. 老师组织学生到操场，对学生说明：现在跑步，跑一圈赚一个代币。跑完一圈就可以到老师处领取一个代币。

2. 学生开始跑步，老师引导学生向老师表达："老师，我要代币。"

3. 老师组织学生排队，做放松运动。学生把自己的代币放到台上，数数自己有几个，并记住自己有多少个代币。

4. 老师问学生代币个数，比较多少。表扬得到代币多的学生。

活动环节二：我能保管好代币

1. 老师提示学生，将自己的代币放进衣服的口袋或者自己认为保险的地方，并告诉学生谁的代币保管不好不见了，就不能兑换零食了。

2. 老师带着学生继续在操场跑一圈。

3. 老师时不时问学生，代币放好了没有？检查一下自己的代币是否丢失。

4. 老师集队，让学生继续数自己的代币，如果有学生的代币数量少了，老师要给予批评，并提示他要保管好自己的代币；对于能很好地保管自己代币的学生，老师给予代币奖励。

活动环节三：代币兑换零食

1. 老师开始进行代币换购活动。

2. 学生能点数自己的代币，满足换购条件后，老师组织代币兑换。

[活动建议]

1. 低重年级学生由于规范还没养成，老师要建立好班级的代币规则，有奖有扣，让学生明白。

2. 要在活动中让学生必须保管好自己的代币，保管好才有好处，而且训练频次要足够多。

[活动评估]

学生姓名：	能否按目标做到。说明：1. 能主动做到记"2"；2. 提示下能做到记"1"；3. 不能做到记"0"
目 标	掌握情况
1. 学生会进行简单的点数	
2. 学生知道保管好自己的代币，丢了就没有零食吃	

第3课 能用代币兑换奖品

[活动目标]

1. 学生知道把代币放到合适的地方保管。

2. 学生能保管代币一段时间。

[指导语]

1. 自己的代币自己保管好,不要丢了。

2. 可以把代币放在衣服或裤子的口袋里。

3. 不要把代币放课桌里,容易被人拿走。

4. 不准随便拿别人的代币。

[活动准备]

1. 场地:教室。

2. 强化物:代币,零食。

[活动过程与步骤]

活动环节一:我会用劳动赚代币

1. 老师跟学生说明:今天大家一起清洁教室,抹台和扫地,做得好的同学,老师会奖励代币。

2. 老师拿出劳动工具,吩咐学生完成抹台任务。能完成抹台任务的学生,可以找老师要代币。

3. 老师要求学生把代币放好。对于那些没有保管意识,随意放自己代币的学生,老师可以偷偷拿走他的代币。老师故意让学生拿出代币兑换零食,当学生找不到自己的代币的时候,老师适时地给予引导,告诉学生代币要保管好,不能随便放。

4. 清洁维持一段时间,看学生是否能保管好代币。

活动环节二:我把代币保管好

1. 清洁完之后,老师故意让学生在做一些体育运动,让学生动起来,继续强化学生保管自己代币的意识。

2.老师开始兑换零食。老师表扬能保管好代币的学生。

[活动建议]

1.此目标的教学，老师需要设置障碍，或者偷拿学生代币，让学生感受丢失代币的心情。

2.对于不善于保管代币的学生，老师要经常提示他把代币放在自己的口袋里。

[活动评估]

学生姓名：	能否按目标做到。 说明：1.能主动做到记"2"；2.提示下能做到记"1"；3.不能做到记"0"
目　标	掌握情况
1.在老师的提示下，学生知道自己的代币有多少，能换什么	
2.学生知道找老师兑换代币	

中年级

[目标说明]

换购活动是我校课间 80 分钟的一项活动，利用换购活动，训练学生服从老师，清楚换购规则，了解代币的用途和使用方法，建立代币保管和兑换意识。

换购活动分三个年级阶段，分别是低重年级、中年级、高年级，每个年级阶段训练的侧重点有所不同。中年级学生经过几年的兑换训练，基本清楚本班代币使用的原则、兑换时间等。利用换购活动，训练学生能较长时间地保管自己的代币，会自觉把代币放进代币袋里。能根据自己的喜好，换取食物或活动。当代币不够时，学生能够知道去借，并且学会有借有还。兑换时，学生能根据班级兑换规则，正确数代币。在中年级，学生已经建立了较好的服从能力，了解换购的原则，为下一步高年级的换购活动打下基础。

第 1 课　能把代币存放到代币袋里，不遗失

[活动目标]

1. 我会把代币放进代币袋，不丢失。

2. 我会用代币兑换。

[指导语]

1. 同学们，放好自己的代币。

2. 把代币放到代币袋里。

3. ×× 同学没有丢代币。

[活动准备]

1. 场地：操场。

2. 强化物：代币，零食。

[活动过程与步骤]

活动环节一：我把代币放袋子里

1. 老师组织学生到操场，跟学生说明：现在跑步，跑一圈赚一个代币。跑完一圈就可以到老师那里领取一个代币。

2. 学生开始跑步，老师引导学生向老师表达："老师，我要代币。"

3. 老师组织学生排队，做放松运动。学生把自己的代币放到台上，数

数自己有几个，并记住自己有多少个代币。

4.继续跑步，每次给了代币之后，老师都问学生代币放哪里了。

5.停止跑步，老师检查学生代币袋里是否有代币，有几个，看看是否丢失。丢了就去找找。

活动环节二：我拿代币兑换合适的物品

1.先让学生熟悉本班的代币兑换规则：每样物品需要多少个代币。

2.学生拿出自己的代币，数自己的代币。

3.老师应提醒学生，根据自己代币数量，兑换相应的物品

[活动建议]

1.如果是初次使用代币袋的班级，开始时老师要强制学生把代币放进袋子里，保管好。

2.由于学生还不熟悉，可能会忘记，所以需要老师时常提醒。

[活动评估]

学生姓名：	能否按目标做到。 说明：1. 能主动做到记"2"；2. 提示下 能做到记"1"；3. 不能做到记"0"
目　标	掌握情况
学生会把代币放到代币袋里	

第 2 课　能清楚兑换的时间

[活动目标]

1.下课后，我到老师处进行兑换。

2. 清洁完，我到老师处进行兑换。

[指导语]

1. 同学们，下课了，可以到老师这里换代币。

2. 你有多少代币？

3. 清洁完教室了，可以到老师这里换代币。

[活动准备]

1. 场地：教室。

2. 强化物：代币，零食。

[活动过程与步骤]

活动环节一：课后我会换代币

1. 老师宣布下课，提醒学生下课了可以兑换代币了。引导学生拿出自己的代币来老师处兑换。

2. 学生兑换代币的时候，老师要求学生排队有秩序地兑换。

活动环节二：清洁完我会换代币

1. 下午课外活动时间，老师组织学生清洁教室，根据完成情况，奖励每个学生不同数量的代币。

2. 清洁期间，老师不时问学生："现在可以换代币吗？"强化学生遵守代币的兑换时间的约定。

3. 清洁完毕，老师发出指令："换代币时间到。"学生依次用代币换食物或活动。

4. 老师总结：事情没做完是不能换代币的，全部做好之后才能找老师换，没到时间老师是不给换的。

[活动建议]

中年级学生经过几年的兑换训练，基本清楚兑换的原则，本班老师要规定好兑换时间，不能随意兑换，要经过长期的操作。

[活动评估]

学生姓名：	能否按目标做到。 说明：1.能主动做到记"2"；2.提示下能做到记"1"；3.不能做到记"0"
目　标	掌握情况
1.下课后或者清洁完，我能到老师处进行兑换	
2.我不随便到老师那里要求兑换	

第3课　能清楚兑换的规则：多少个代币兑换什么物品

[活动目标]

1.学生知道兑换的规则：多少个代币换什么。

2.学生能选择自己喜欢的强化物。

[指导语]

1.你有多少个代币啊？

2.认真听清楚老师说的数目。

3.你要换什么？

[活动准备]

1.场地：教室。

2.教具：玩具、体育器材。

3. 强化物：代币，零食。

[活动过程与步骤]

活动环节一：我会数代币

1. 下课了，老师发出换代币的指令。请学生准备好自己的代币。

2. 老师在黑板上写好三种兑换的物品：零食，玩具、羽毛球拍。分别列好相应的代币数，代表价格。

3. 要求学生读出来，记住价格。老师逐个提问："换零食要多少个代币？"

4. 逐个让学生上来数代币，先让程度好的学生先来："你有几个？够换哪一个？"数不清楚的学生，老师可以帮忙。提示他可以换哪个。

活动环节二：我会兑换物品

1. 开始兑换，老师分别问每个学生要换什么，代币够不够，要求学生表达。

2. 如果代币不够，老师让学生再去找任务，或者分配任务给他，直到代币够兑换。

3. 兑换完的学生可以自行去活动，或者吃零食。

[活动建议]

1. 此目标的教学，需要学生有一定的数概念，如果数学能力不足，老师可以帮忙。

2. 在平时的兑换中，老师要标注每种物品的价格，让学生清楚需要几个代币，长期训练。

[活动评估]

学生姓名：	能否按目标做到。 说明：1. 能主动做到记"2"；2. 提示下能做到记"1"；3. 不能做到记"0"
目　标	掌握情况
1. 我知道兑换的规则：多少个代币换什么	
2. 我能选择自己喜欢的强化物：食物或者活动	

第4课　能选择自己需要兑换的物品

[活动目标]

1. 学生能说出自己喜欢的物品。

2. 学生会兑换自己喜欢的物品。

[指导语]

1. 你喜欢哪一个啊？

2. 你要换什么？零食还是玩具？

[活动准备]

1. 场地：教室

2. 教具：玩具。

3. 强化物：代币，零食。

[活动过程与步骤]

活动环节一：我喜欢食物 / 玩具等

1. 下课了，老师发出换代币的指令。请学生准备好自己的代币。

2. 老师在黑板上写好两种兑换的物品：零食，玩具。分别列好相应的代币数，代表价格。

3. 逐个询问学生："你中意哪一个？零食还是玩具？看看需要多少个代币。"从程度好的学生开始问起。

4. 不会说的学生可以让学生上前指认。

活动环节二：我会兑换喜欢的物品

1. 逐个让学生上来数代币，让程度好的学生先来："你有几个？够换吗？"数不清楚的学生，老师可以帮忙。提示他可以换哪个。

2. 开始兑换，如果代币不够，老师让学生再去找任务，或者分配任务给他，直到代币够兑换。

3. 兑换完的学生可以自行去玩玩具，或者吃零食。

[活动建议]

1. 此目标的教学，需要学生有一定的数概念，如果数学能力不足，老师可以引导和协助。

2. 老师可以每次选择不同的物品来让学生选择。

[活动评估]

学生姓名：	能否按目标做到。 说明：1. 能主动做到记"2"；2. 提示下能做到记"1"；3. 不能做到记"0"
目 标	掌握情况
1. 我知道自己喜欢的物品	
2. 我会兑换自己喜欢的强化物：食物或者活动	

第5课　能兑换喜欢的活动

[活动目标]

1.学生能说出自己喜欢的活动。

2.学生会兑换自己喜欢的活动。

[指导语]

1.你喜欢玩哪一个啊?

2.你要换什么?

[活动准备]

1.场地:教室。

2.教具:羽毛球,跳绳,篮球。

[活动过程与步骤]

活动环节一:我喜欢玩……

1.下课了,老师发出换代币的指令。请学生准备好自己的代币。

2.老师在黑板上写好几种兑换的活动:羽毛球,跳绳,篮球。分别列好相应的代币数,代币价格表。

3.逐个询问学生:你中意玩哪一个? 篮球还是跳绳? 看看需要多少个代币。从程度好的学生开始问起。

4.不会说的学生可以让学生上前指认。

活动环节二:我会兑换喜欢的活动

1.逐个让学生上来数代币,让程度好的学生先来: "你有几个? 够换吗？"不能数清楚的学生，老师可以帮忙，提示他可以换哪个。

2.开始兑换，如果代币不够，老师让学生再去找任务，或者分配任务给他，直到代币够兑换。

3.兑换完的学生可以自行去活动。

[活动建议]

1.此目标的教学，需要学生有一定的数概念，如果数学能力不足，老师可以引导和协助。

2.老师可以每次选择不同的物品来让学生选择。

[活动评估]

学生姓名：	能否按目标做到。 说明：1.能主动做到记"2"；2.提示下能做到记"1"；3.不能做到记"0"
目　标	掌握情况
1.我知道自己喜欢的活动	
2.我会兑换自己喜欢的活动	

第6课　当自己的代币不够时，能向其他同学借，有借有还

[活动目标]

1.代币不够时，学生会向同学借。

2.有了代币后，学生会还给同学。

[指导语]

1.你的代币够不够换啊？

2. 如果不够可以问同学借。

3. 借了同学代币记得要还给人家。

[活动准备]

1. 场地：教室。

2. 强化物：奶茶。

[活动过程与步骤]

活动环节一：代币不够怎么办

1. 下课了，老师发出换代币的指令。请学生准备好自己的代币。

2. 老师拿出一包奶茶，放到水壶里冲开，和学生说明今天可以换奶茶喝。让学生拿好杯子坐好。

3. 老师把奶茶的代币数定得比较高，有一部分学生可能没有足够的代币。

4. 你们想喝奶茶吗？数一数，你的代币够不够呀？

5. 老师走到学生座位，给代币多的学生先换奶茶喝。提示其他学生，代币不够怎么办呢？让学生自己想办法。可以借同学的。

6. 看学生是否会跟其他同学借，借到了就可以喝，借不到就没有了。

活动环节二：我会还同学的代币

1. 喝完奶茶后，大家去清洁杯子，能清洁干净的，老师奖励代币。

2. 继续分配清洁的任务，让学生赚代币。

3. 任务完成后，老师提示学生，借了代币的要还给同学。

4. 观察学生是否去还，还的数目对不对。

5. 表扬还代币的学生。

[活动建议]

学生姓名：	能否按目标做到。 说明：1.能主动做到记"2"；2.提示下能做到记"1"；3.不能做到记"0"
目　标	掌握情况
1.代币不够了，我会跟同学借	
2.手里有代币后，我会还给同学	

高年级

[目标说明]

换购活动是我校课间 80 分钟的一项活动，利用换购活动，训练学生服从老师，清楚换购规则，了解代币的用途和使用方法，建立代币意识。

换购活动分三个年级阶段，分别是低重年级、中年级、高年级，每个年级阶段训练的侧重点有所不同。高年级大部分学生已经建立了基本的代币意识，利用换购活动，训练学生在完成某项任务后，能主动找老师拿代币，并能正确数数。换购时，学生会根据自己的代币数换取相应的食物或活动。代币不够时，学生知道主动找老师领取任务。在进行换购服务时，能够使用礼貌用语，主动去和人沟通。通过这一阶段的训练，学生学会在任务完成后主动索取报酬并能数清楚报酬，为劳动意识的建立打下了基础。

第 1 课　能赚取代币进行换购

[活动目标]

1.完成某项任务后，学生能主动找老师拿代币。

2.换购时，学生会根据自己的代币数换取相应的食物。

[指导语]

1.完成任务了，找老师要代币。

2.你有多少个代币？

[活动准备]

1.场地：教室。

2.强化物：代币，零食。

[活动过程与步骤]

活动环节一：我抹台很干净

1.老师告诉学生，现在我们的任务是进行教室清洁：抹台、扫地。同时，老师拿出饼干、薯片等零食，告诉学生，只有完成了清洁任务，拿你们赚取的代币来老师这里兑换零食。

2.老师吩咐学生抹自己的台面。抹完自己的台面的学生，去老师那里领取一个代币。

3.老师吩咐学生抹公共台面。抹完指定的台面的学生，可以去老师那里领取一个代币。

4.换购时间到，让学生数自己的代币，引导学生根据自己的代币数量换取相应的零食。代币不够的学生，可以找老师继续领取任务赚代币。

活动环节二：我扫地很干净

1.老师安排扫地任务。每个学生负责一个区域的扫地任务。

2.完成分内的扫地任务的学生，可以去老师那里领取一个代币。

3.换购时间到，引导学生根据自己的代币数量换取相应的零食。代币不够的学生，可以找老师继续领取任务赚代币。

[活动建议]

1. 高年级学生基本的代币意识已经建立，要让学生看到多种可以选择的食物，强化他们做事的热情。

2. 学生要学会正确数代币。

[活动评估]

学生姓名：	能否按目标做到。 说明：1. 能主动做到记"2"；2. 提示下能做到记"1"；3. 不能做到记"0"
目　标	掌握情况
1. 任务完成后，学生能主动到老师那里拿代币	
2. 学生会根据自己的代币选择食物	
3. 学生能正确进行点数	

第2课　当自己的代币不够时，能主动找老师领任务

[活动目标]

1. 学生能够数清楚自己的代币个数。

2. 代币不够时，学生找老师领任务赚代币。

[指导语]

1. 你的代币够不够换啊？

2. 如果不够可以向同学借。

3. 借了同学代币记得要还给同学。

[活动准备]

1. 场地：教室。

2. 强化物：奶茶。

[活动过程与步骤]

活动环节一：代币不够怎么办

1. 下课了，老师发出换代币的指令。请学生准备好自己的代币。

2. 老师拿出一包奶茶，放到水壶里冲开，和学生说明今天可以换奶茶喝。让学生拿杯子坐好。

3. 老师把奶茶的代币数定得比较高，所有学生都不够代币。

4. 你们想喝奶茶吗？数一数，你的代币够不够呀？

5. 老师提示学生，代币不够怎么办呢？让学生自己想办法。

活动环节二：我会赚代币

1. 老师引导学生，地上很脏，玩具很乱。

2. 让程度好的学生先表达要清洁地面，整理玩具，其他学生可以模仿。分配不同的清洁任务，让学生赚代币。

3. 任务完成后，老师再让学生数代币，够不够啊？不够怎么办？学生继续申请任务，直到代币够数。

4. 换购奶茶，提示学生，要跟老师领任务换取代币。

5. 喝奶茶，洗杯子，小结。

[活动建议]

1. 老师的提示可以逐步减少，让学生自己主动表达。

2. 让学生建立多做事代币就多、就能换取更多食物的意识。

[活动评估]

学生姓名：	能否按目标做到。说明：1. 能主动做到记"2"；2. 提示下能做到记"1"；3. 不能做到记"0"
目　标	掌握情况
1. 我会数代币	
2. 代币不够时，我找老师领任务赚代币	

第3课　清楚代币购买的规则：多少个代币换什么物品

[活动目标]

1. 学生能知道兑换的规则：多少个代币换什么物品。

2. 学生能正确数取自己的代币数量。

[指导语]

1. 你有多少个代币啊？

2. 看清楚换购的数量。

3. 你要换什么？零食还是玩具？

[活动准备]

1. 场地：教室。

2. 教具：玩具，体育器材。

3. 强化物：代币，零食。

[活动过程与步骤]

活动环节一：我会正确数代币（5 以上）

1. 下课了，老师发出换代币的指令。请学生准备好自己的代币。

2. 老师在黑板上写好三种兑换的物品：零食，玩具、羽毛球拍。分别列好相应的代币数，代币价格表。数量在五个以上。

3. 要求学生读出来，记住价格。老师逐个提问："换零食要多少个代币？"

4. 逐个让学生上来数自己的代币，让程度好的学生先来："你有几个？够换哪一个？"数不清楚的学生，老师可以帮忙。提示他可以换哪个。

活动环节二：我会兑换物品

1. 开始兑换，老师分别问每个学生要换什么，够不够代币，要求学生表达。说错了扣代币。

2. 如果不够代币，老师让学生换其他物品，如果都不够，就不给换。

3. 兑换完的学生可以自行去活动，或者吃零食。不够代币的学生可以找老师领任务赚代币。

[活动建议]

1. 高年级学生一般都能数代币，根据学生程度可以提高数数的难度，如五个以上，十个以上。

2. 在平时的兑换中，老师要标注每种物品的价格，让学生清楚需要几个代币，长期训练。

[活动评估]

学生姓名：	能否按目标做到。 说明：1.能主动做到记"2"；2.提示下能做到记"1"；3.不能做到记"0"
目　　标	掌握情况
1.我知道兑换的规则：多少个代币换什么	
2.我能正确数数	

第4课　换购服务时，能主动与对方沟通

[活动目标]

1.在校内看电影活动中，学生知道换购电影票的规则。

2.参与换购电影票的学生能主动和对方沟通。

[指导语]

1.谁想换电影票？

2.你的兑换券呢？

3.拿出你的报道卡。

[活动准备]

1.场地：教室。

2.教具：兑换券，电影票。

3.强化物：代币。

[活动过程与步骤]

活动环节一：要看电影了，我努力赚取代币

1. 告诉学生，今天下午学校有电影看，强调兑换电影票的规则。激发学生赚取代币的积极性。

2. 班级组织各类活动中，要求学生赚取代币，保管好自己的代币。

活动环节二：我赚够代币了，我可以兑换电影兑换券

1. 老师引导学生，赚够代币的学生可以到资源中心兑换电影兑换券。

2. 老师带领学生到资源中，要求学生有礼貌地向资源中心的老师兑换电影兑换券。对于代币不够的学生，激发他们继续努力赚取足够数量的代币。

活动环节三：我可以用兑换券换取电影票

1. 当学生都能将自己的代币兑换到兑换券后，老师引导学生在兑换券去兑换电影票。

2. 在兑换电影票的活动中，我校有专门的学生服务团队。在学生去兑换电影票的过程中，要求学生能主动有礼貌地与服务团队的同学沟通，最终获取一张电影票。（备注：校内看电影兑换活动，服务者和换购者角色轮流交换，让每位学生在兑换活动中充当不同的角色，体验不同的角色职责）

[活动建议]

1. 此目标的教学，需要学生有一定的数概念，如果数学能力不足，则担当不了服务者的角色。

2. 没有语言表达能力的学生，可以用手势来表达。

[活动评估]

学生姓名：	能否按目标做到。 说明：1.能主动做到记"2"；2.提示下能做到记"1"；3.不能做到记"0"
目　标	掌握情况
1.我知道换购的规则	
2.我能主动和对方沟通	

第 5 课　换购服务时，能用礼貌用语

[活动目标]

1.学生知道换购的规则。

2.在换购过程中，学生能使用礼貌用语。

[指导语]

1.请问你想换什么?

2.谢谢。

3.请拿好你的物品。

[活动准备]

1.场地：教室。

2.教具：桌子。

3.强化物：各种零食，代币。

[活动过程与步骤]

1.下课了，学生都积累了很多代币。老师组织学生进行购买活动，准

备各种零食，标注价格。全体学生要了解换购的规则。

2. 先让程度好的一个学生作为店家：先要询问要什么，别人用代币买完之后，要表示感谢。

3. 全体学生开始购买，老师观察店家是否使用礼貌用语。一旦学生使用礼貌用语，立刻奖励。购买者也需要用礼貌用语，如"你好，请问有……吗？"

4. 轮到其他学生尝试做店家，每个人都有机会服务他人。奖励有礼貌的学生。

5. 多次重复，让学生熟悉规则和流程。

[活动建议]

1. 此目标的教学，需要学生有一定的生活经验，对程度差的学生可以多加训练。

2. 没有语言能力的学生，可以用手势来表达。

[活动评估]

学生姓名：	能否按目标做到。 说明：1. 能主动做到记"2"；2. 提示下能做到记"1"；3. 不能做到记"0"
目　标	掌握情况
1. 我知道换购的规则	
2. 换购时，我能使用礼貌用语	

第九章　体能运动

低重年级

[目标说明]

体能运动是我校课间 80 分钟的一项活动，利用体能运动这一真实的活动场景，训练学生的服从能力，让学生懂得运动时要穿运动服，运动前要做热身运动，选择自己喜欢的运动和伙伴，与人合作完成运动项目。建立学生的合作意识，培养学生养成体育锻炼的习惯。

体能运动分为三个年级阶段，分别是低重年级、中年级、高年级，每个年级阶段训练的侧重点有所不同。低重年级的学生，由于他们的服从、互动能力较差，运动能力较弱，所以在这一阶段，利用体能运动这一真实的活动载体，训练学生服从老师指令，在老师的提示下准备运动服装，在运动前学会排队并做好准备运动，避免受伤。在老师的带领下能进行各种简单的体育运动。这一阶段训练完成后，学生在老师的提示下能够学会体育运动的基本知识和简单项目，为下一步中年级的体能运动打下基础。

第1课　在老师的提示下，在运动前着运动装

[活动目标]

1. 运动前，在老师的提示下，学生选择运动装。

2. 运动前，在老师的提示下，学生穿运动装运动。

[指导语]

1. 看哪位同学穿得正确。

2. 看看衣服有没有穿好。

[活动准备]

1. 场地：操场。

2. 教具：口哨。

3. 强化物：零食，代币。

[活动过程与步骤]

活动环节一：懂得选择运动服

1. 老师组织学生进行集合、整队，询问学生，运动时应该穿什么衣服、什么鞋子。

2. 当学生回答："运动衣、运动裤、运动鞋。"老师及时表扬和奖励代币。

3. 老师要求下午课下活动时间将进行体能活动，请同学们做好准备，穿好合适的衣服。

活动环节二：运动前，学生主动穿着运动装

1. 课下活动时间到了，老师组织学生排队，老师和学生一起检查彼此

的运动装，对能够穿好运动装的同学给予表扬和代币奖励，没有按要求穿着运动装的学生进行批评。

2. 对正确检查出同学是否穿对衣服的同学进行表扬，同时再让他们检查自己的衣服是否正确，都正确的同学，老师给予表扬和代币奖励，并且要求其他同学能够向做得好的同学学习。

3. 老师带正确穿衣的学生进行运动，穿得不正确的学生坐在地上观看。

活动环节三：反复练习

1. 每天重复要求，老师根据实际情况对学生进行表扬及奖励代币。

2. 连续要求一周，直到每个学生都学会按要求穿运动装运动为止。

［活动建议］

1. 当学生已经学会运动装的正反面正确穿着时，可挑选其他没有图案的衣裤训练学生辨别正反面，并练习这些衣裤的正确穿法。

2. 要求学生能够准备至少两套运动装，以便运动出汗后能够及时更换，培养学生时刻保持身体清洁的意识。

［活动评估］

学生姓名：	能否按目标做到。 说明：1. 能主动做到记"2"；2. 提示下能做到记"1"；3. 不能做到记"0"
目　标	掌握情况
1. 运动前，在老师的提示下，学生选择运动装	
2. 运动前，在老师提示下，学生穿运动装运动	

第2课　运动时，懂得排队、做准备运动

［活动目标］

1.运动前，学生懂得排队、做准备运动。

2.运动前，在老师的提示下，学生懂得排队、做准备运动。

［指导语］

1.听口令，排队。

2.跟老师一起做。

［活动准备］

1.场地：操场。

2.教具：口哨。

3.强化物：零食，代币。

［活动过程与步骤］

活动环节一：老师组织学生排队

1.在指定地点集合、整队，老师要求学生运动前要做准备运动，首先分两排站好，拉开间距。

2.老师提示、辅导个别没站好的学生。

活动环节二：运动前，学生懂得排队、做准备运动

1.要求学生能够听老师哨声，在听到哨声后才开始做动作。老师开始进行简单的听哨声训练。

2.老师示范、讲解准备活动，要求学生认真观察且模仿老师的动作。

3.要求学生做动作,老师纠正并指导,要求每个学生都能够按要求完成。

4.老师开始喊口令,带领学生一起做准备运动。一段时间后,用哨声来代替口令。

活动环节三:反复练习准备运动

1.每天下午课外时间都在操场进行训练,根据学生的练习情况,老师进行表扬及奖励代币。然后老师带领学生进行适当的跑步运动。

2.连续要求一周,辅导个别动作不到位的学生,直到每个学生都能按要求完成准备运动的动作为止。

[活动建议]

1.在准备活动教育时,要求学生能够主动跟随老师一起做运动,对学生的动作姿势要求一定要严格,培养学生对待学习的认真性。

2.要求学生能够准备至少两套运动装,以便运动出汗后能够及时更换,培养学生能够时刻保持身体清洁的意识。

[活动评估]

学生姓名:	能否按目标做到。 说明:1.能主动做到记"2";2.提示下能做到记"1";3.不能做到记"0"
目　　标	掌握情况
1.运动前,学生懂得排队、做准备运动	
2.运动前,在老师提示下,学生懂得排队、做准备运动	

第3课　在老师的带领下，能进行简单的体能游戏
（如走直线，跑步，拍球等）

［活动目标］

1. 在老师的带领下，学生能进行简单的体能游戏（如走直线，跑步，拍球等）。

2. 在老师的协助下，学生能进行简单的体能游戏（如走直线，跑步，拍球等）。

［指导语］

1. 跟老师一起做。

2. 开始拍。

3. 慢慢走。

4. 开始跑。

［活动准备］

1. 场地：操场。

2. 教具：口哨，平衡木，篮球。

3. 强化物：零食。

［活动过程与步骤］

活动环节一：老师组织学生排队

1. 老师组织学生集合、整队，老师带领学生运动前做准备运动。

2. 辅导个别学生。

活动环节二：在老师的带领下，学生能进行简单的体能游戏（平衡木、拍球）

1.组织学生站到平衡木前面。老师示范如何走平衡木。

2.学生分别来尝试，老师在旁边辅助，预防摔倒。能够独立完成的学生，老师及时表扬并奖励零食。对协助动作不协调的学生，当他们能在协助下完成，老师要及时表扬和奖励学生。

3.组织学生进行比赛。要求听老师指令："预备——开始"。能够迅速完成直线走平衡木的同学给予奖励。对于脑瘫的学生和平衡能力弱的学生，老师给予协助和鼓励。

4.老师拿出一筐篮球，要求学生两两一组互相拍球。能够主动拍球的学生，老师及时表扬和奖励。协助动作不协调的学生，当学生能在协助下完成，老师及时表扬和奖励。

5.组织学生进行拍球比赛，在规定时间内拍球最多的同学奖励零食。要求听老师指令："预备——拍。"对于脑瘫的学生和平衡能力差的学生老师给予协助和鼓励。

活动环节三：反复练习

1.反复练习，直到每个学生都能按要求学会走直线、拍球为止。
2.根据各班学生能力水平以及兴趣爱好，选择适合的体育活动。

［活动建议］

1.在教育过程中，要求学生能够认真看老师的示范，并做好安全防范，对学生的动作姿势要求一定要严格，培养学生对待学习的认真态度。

2.根据学生身体条件的不同，对学生的要求也不同。老师要多辅导体能较差的学生。

［活动评估］

学生姓名：	能否按目标做到。 说明：1.能主动做到记"2"；2.提示下能做到记"1"；3.不能做到记"0"
目　标	掌握情况
1.在老师的带领下，学生能进行简单的体能游戏（如走直线，跑步，拍球等）	
2.在老师的协助下，学生能进行简单的体能游戏（如走直线，跑步，拍球等）	

中年级

［目标说明］

　　体能运动是我校课间80分钟的一项活动，利用体能运动这一真实的活动场景，训练学生的服从能力，让学生懂得运动时要穿运动服装，运动前要做热身运动，选择自己喜欢的运动和伙伴，与人合作完成运动项目。建立学生的合作意识，培养学生参与体育锻炼的习惯。

　　体能运动分为三个年级阶段，分别是低重年级、中年级、高年级，每个年级阶段训练的侧重点有所不同。中年级学生，由于他们具备了基本的服从和互动能力，运动能力有了较大的提高，所以在这一阶段，利用体能运动这一真实活动载体，训练学生服从老师的指令，懂得运动时穿着运动服装，进行准备运动时动作要规范。在老师的带领下能主动参与体能运动，并能坚持较长时间，学会与人合作完成某项运动。这一阶段训练完成后，学生学会主动参与运动，建立了合作意识，为下一步高年级的体能运动打下基础。

第1课　运动前，能着运动装运动

［活动目标］

1. 运动前，学生懂得选择运动装。

2. 运动前，在老师提示下，学生懂得穿运动装运动。

［指导语］

1. 运动时选哪件衣服？

2. 这件合不合适？

3. 穿合适的衣服运动。

［活动准备］

1. 场地：操场。

2. 教具：口哨。

3. 强化物：零食，代币。

［活动过程与步骤］

活动环节一：懂得选择运动服

1. 老师组织学生进行集合、整队，并询问学生，运动时应该穿什么衣服、什么鞋子。

2. 提示学生一个个回答："运动衣，运动裤，运动鞋。"老师及时表扬和奖励。

3. 老师让学生看自己的穿着：运动服、运动鞋。运动时我们要穿运动服。

活动环节二：教育学生穿着运动装

1.要求学生观察周边同学的衣服和鞋子，然后再看看老师的衣服和鞋子，看看大家穿的都是什么衣服。

2.老师挑选两部分学生出来，一部分学生穿运动装，另一部分学生没有穿运动装，让学生彼此之间进行判断，谁穿的是运动装，谁穿的不是运动装。

3.对能够穿运动装的同学，老师进行表扬，并且要求其他学生学习他们穿运动装。

4.老师引导学生，参加运动时需要穿运动装，不穿运动装去运动容易受伤。

5.老师带领穿运动装的学生去运动，没穿的同学原地休息。

活动环节三：更换运动装

1.运动后，带领学生回宿舍更换运动装，并且能够正确穿好。
2.正确穿衣的学生，老师对其进行表扬及奖励。

［活动建议］

1.教育学生运动时要穿运动装，老师要对学生进行监督，并且能给予学生适当的提醒。

2.要求学生能够准备至少两套运动装，以便运动出汗后能够及时更换，培养学生时刻保持身体清洁的意识。

[活动评估]

学生姓名：	能否按目标做到。 说明：1. 能主动做到记"2"；2. 提示下能做到记"1"；3. 不能做到记"0"
目　标	掌握情况
1. 运动前，学生懂得选择运动装	
2. 运动前，在老师提示下，学生懂得穿运动装进行运动	

第 2 课　运动时，主动按照老师要求完成运动

[活动目标]

1. 运动时，学生主动按照老师要求完成运动。

2. 运动时，在老师提示下，学生能按照老师要求完成运动。

[指导语]

1. 听口令。

2. 跟老师一起做。

[活动准备]

1. 场地：操场。

2. 教具：口哨。

3. 强化物：零食，代币。

[活动过程与步骤]

活动环节一：运动时，学生懂得排队、做准备运动

1. 在指定地点集合、整队，老师带领学生做运动前准备运动。

1.要求学生能够听口令做动作。能主动跟着老师做动作，及时给予表扬和奖励。

2.当学生的动作有误时，老师纠正并指导，要求每个学生都能够按要求完成。

3.老师开始喊口令，带领学生一起做准备运动。一段时间后，用哨声来代替口令。

活动环节二：反复练习

1.每天下午课外活动时间都在操场学习准备运动，根据学生表现，老师进行表扬及奖励，辅导个别学生。

2.连续训练一周，直到每个学生都能按要求完成准备运动的动作为止。

［活动建议］

1.在准备活动教育时，要求学生能够主动跟随老师一起做运动，对学生的动作姿势要求一定要严格，培养学生对待事物的认真性。

2.要求学生能够准备至少两套运动装，以便运动出汗后能够及时更换，培养学生时刻保持身体清洁的意识。

［活动评估］

学生姓名：	能否按目标做到。 说明：1.能主动做到记"2"；2.提示下能做到记"1"；3.不能做到记"0"
目　标	掌握情况
1.运动时，学生主动按照老师要求完成运动	
2.运动时，在老师提示下，学生能按照老师要求完成运动	

第 3 课 能相互合作，坚持运动

[活动目标]

1. 学生能相互合作，坚持运动。

2. 在老师提示下，学生能相互合作，坚持运动。

[指导语]

1. 坚持。

2. 加油。

3. 继续。

[活动准备]

1. 场地：操场。

2. 教具：口哨，沙袋，实心球，篓子。

3. 强化物：零食，代币。

[活动过程与步骤]

活动环节一：抬沙袋

1. 老师："谁能把沙袋提到操场去，老师奖励食物吃。"助教引导学生逐个去提。

2. 老师："同学提不动，怎么办？"当学生回答："老师我帮他"时，老师给予表扬和代币奖励。

3. 老师组织学生抬沙袋："每 2 人为 1 组，把沙袋抬到操场。"最先抬到沙池的给予奖励。

4. 监管落在后面的学生，让先到的学生回头帮助其他同学抬沙袋。抬到沙池的给予奖励。

活动环节二： 运实心球

1. 老师组织学生排成一列横队站到起点。用篓子装实心球。

2. 老师讲解游戏的玩法并同一位学生示范：两人一起从起点抬一篓实心球，快速走到终点。

3. 老师把学生分成 2 ~ 3 组，分别站在起点和终点准备。让每组学生抬实心球到终点，在终点组织学生抬实心球回到起点，能合作及坚持到终点的组给予奖励。鼓励及协助落后的组。

活动环节三：反复练习

1. 反复练习，直到每个学生都懂得合作关系为止。

2. 老师组织代币兑换零食活动。

［活动建议］

1. 在教育过程中，要求学生能够认真看老师的示范，并做好安全防范。

2. 通过代币可以换取参与喜欢的游戏机会或喜欢的零食来强化学生的行为，建立学生的合作意识，坚持的态度。

3. 根据学生程度不一样，对学生的要求也不同：运动能力差的学生要坚持到终点，能力好的学生要求快速走等。

［活动评估］

学生姓名：	能否按目标做到。 说明：1. 能主动做到记"2"；2. 提示下能做到记"1"；3. 不能做到记"0"
目　标	掌握情况
1. 学生能相互合作，坚持运动	
2. 在老师提示下，学生能相互合作，坚持运动	

高年级

[目标说明]

体能运动是我校课间 80 分钟的一项活动，利用体能运动这一真实的活动场景，训练学生的服从能力，让学生懂得运动时穿运动服装，运动前要做热身运动，选择自己喜欢的运动和伙伴，与人合作完成运动项目。建立学生的合作意识，培养学生参与体育锻炼的习惯。

体能运动分为三个年级阶段，分别是低重年级、中年级、高年级，每个年级阶段训练的侧重点有所不同。高年级学生，经过多年的体能运动的训练，他们已经建立了较好的服从和互动能力，所以在这一阶段，利用体能运动这一真实活动载体，训练学生能够主动参与运动，懂得在运动前做好各项准备活动（服装、准备运动等）。能够自觉选择喜好的体育项目以及合作伙伴，并能坚持完成运动。这一阶段训练完成后，学生基本建立了良好的运动习惯，学会了与人合作，身体素质得到更好的提高。

第1课　运动前，会着运动装运动

[活动目标]

1. 运动前，学生会着运动装运动。
2. 运动前，在老师提示下，学生会着运动装运动。

[指导语]

1. 请同学们看清楚衣服再穿。
2. 看哪位同学穿得又快又正确。

3.同学们，请照照镜子，看看衣服有没有穿好。

［活动准备］

1.场地：宿舍。

2.教具：口哨。

3.强化物：零食，代币。

［活动过程与步骤］

活动环节一：懂得选择运动服

1.老师组织学生进行集合、整队，询问学生，运动时应该穿什么衣服、什么鞋子。

2.当学生回答："运动衣、运动裤、运动鞋。"老师及时表扬和代币奖励。

活动环节二：教育学生穿着运动装

1.老师引导学生：现在是夏天，应该穿短袖的运动衣裤，如果学生能找出短袖的运动装，老师就会给予代币奖励。

2.对未能找出的同学给予引导，能按要求做到的学生，及时给予代币奖励。

3.老师教育学生认识衣服、裤子的正反面。方法：找图案，辨正反。

4.让学生找衣裤的正反面，当学生正确找到后，老师给予奖励，没找正确的继续给予指导。

活动环节三：更换运动装

1.老师让学生进行穿运动装比赛，学生穿好后引导学生照镜子整理好自己的衣服。

2.老师进行表扬及代币奖励。

活动环节四：穿运动装进行运动

1.老师带领全体学生去操场运动，学生可以选择跑步、打球，也可以选择同学进行比赛。

2.运动后，组织学生回宿舍更换衣服。

［活动建议］

1.当学生已经学会正确穿运动装并能分清正反面时，可挑选其他没有图案的衣裤训练学生辨别正反面，并练习这些衣裤的正确穿法。

2.要求学生能够准备至少两套运动装，以便运动出汗后能够及时更换，培养学生时刻保持身体清洁的意识。

［活动评估］

学生姓名：	能否按目标做到。 说明：1.能主动做到记"2"；2.提示下能做到记"1"；3.不能做到记"0"
目　　标	掌握情况
1.运动前，学生会着运动装运动	
2.运动前，在老师提示下，学生会着运动装运动	

第2课　能主动做好运动准备

［活动目标］

1.学生能主动做好运动准备。

2.在老师提示下，学生能做好运动准备。

[**指导语**]

1. 听口令做。

2. 跟老师一起做。

[**活动准备**]

1. 场地：操场。

2. 教具：口哨。

3. 强化物：零食，代币。

[**活动过程与步骤**]

活动环节一：老师组织学生排队

1. 在指定地点集合、整队，老师教育学生运动前要做准备运动。

2. 按准备运动位置散开，找到自己的位置。

活动环节二：运动时，学生懂得排队、做准备运动

1. 要求学生能够听口令做动作。能主动跟着做动作，老师及时给予表扬和代币奖励。

2. 要求学生能够听口令做动作。当学生听到：立正、稍息、等口令后，能主动跟着做，且姿势正确的同学，老师及时给予表扬和代币奖励。当学生做动作有误时，老师纠正并指导。

3. 要求学生听哨声，做准备运动。当学生听到：立正、稍息、等口令后，能主动跟着做，老师及时给予表扬和代币奖励。

4. 要求学生听哨声，做准备运动。当学生听到：立正、稍息、等口令后，能主动跟着做，且姿势正确的同学，老师及时给予表扬和代币奖励。当学生做动作有误时，老师纠正并指导。

活动环节三：反复练习

1. 老师进行表扬及代币奖励。

2. 连续训练一周，直到每个学生都能按要求完成准备运动的动作为止。

［活动建议］

1. 在准备活动教育时，要求学生能够主动跟随老师一起做运动，对学生的动作姿势要求一定要严格，培养学生认真对待事物的习惯。

2. 要求学生能够准备至少两套运动装，以便运动出汗后能够及时更换，培养学生时刻保持身体清洁的意识。

［活动评估］

学生姓名：	能否按目标做到。 说明：1. 能主动做到记"2"；2. 提示下能做到记"1"；3. 不能做到记"0"
目　标	掌握情况
1.学生能主动做好运动准备	
2.在老师提示下，学生能主动做好运动准备	

第3课　能自主选择运动项目和伙伴

［活动目标］

1.学生能自主选择运动项目和同伴。

2.在老师引导下，学生能选择运动项目和同伴。

[指导语]

1. 可以和同学一起玩。你想跟谁玩?

2. 你想玩什么球?

[活动准备]

1. 场地:操场。

2. 教具:羽毛球,排球,篮球。

3. 强化物:零食,代币。

[活动过程与步骤]

活动环节一:组织学生选择喜欢的运动

1. 老师提前准备各类球,然后出示各种球类,引导学生认识球类名称。

2. 老师讲解并引导学生玩球时要注意的事项,提问学生想玩什么球,想和谁一组。

活动环节二:自主选择喜欢的运动和同伴

1. 如有同学主动说:"老师,我想和××玩。""老师,我想玩……"老师及时表扬或奖励代币。

2. 拿到球后,老师引导他们找一个地方运动。如学生能主动选择玩伴,并在自己选择的区域一起玩,老师给予代币奖励。没有反应的同学,老师给予语言提示和引导,能配合老师提示去做的,立即给予奖励。

活动环节三:奖励兑换

1. 运动结束后,把使用过的物品和用具放回指定的位置,摆放好,老师给予奖励。

2. 老师进行代币兑换零食。

［活动建议］

1. 在教育过程中，要求学生能够认真看老师的示范，并做好安全防范。

2. 通过代币可以换取参与喜欢的游戏机会或喜欢的零食来强化学生的行为，建立学生的合作意识、与同伴的关系。

［活动评估］

学生姓名：	能否按目标做到。 说明：1. 能主动做到记"2"；2. 提示下能做到记"1"；3. 不能做到记"0"
目标	掌握情况
1. 学生能自主选择运动项目和同伴	
2. 在老师引导下，学生能选择运动项目和同伴	

第十章　兴趣活动（文艺活动、手工活动等）

低重年级

［目标说明］

兴趣活动是我校 80 分钟课间的一项活动之一。学生刚接触兴趣活动训练时，会表现出不理解老师的指令，很难坚持完成老师的训练安排，训练时不能够与其他同学进行友好合作，展示前不能够保持安静候场，展示时状态缺乏自然，展示后不懂得谢幕等。根据学生的年龄特点，兴趣活动分为低重、中、高等三个年级阶段，每个阶段的训练侧重点不一样。

低重年级学生的兴趣活动，主要是训练学生理解老师的指令，遵守老师的训练安排。通过老师对学生能力的了解，小步子引导学生在训练过程中理解老师的指令，并按老师的训练计划进行学习，为中、高年级的艺术或体能等方面的能力提高打下基础。

第1课　听老师指令，服从安排

［活动目标］

1. 在老师的指导下，学生能听懂老师的指令。

2. 在老师的指导下，学生能服从老师的安排。

［指导语］

1. 请在门口排好队。

2. 听到指令再进入教室。

3. 听清楚老师的要求。

4. 按老师的要求做。

［活动准备］

1. 场地：教室，功能教室。

2. 教具：兴趣活动所需的材料（略）。

3. 强化物：零食，代币。

［活动过程与步骤］

活动环节一：建立基本的活动规范

1. 兴趣活动前，老师要求学生在门口排好队。

2. 老师播放进教室的音乐，说："听到这个音乐，请进来。"

3. 学生能听到音乐进入教室，老师立即口头表扬学生："××同学，你能听到这个音乐进教室，表扬！"

4. 学生听到音乐，但不懂得进入教室，老师则提示："请进来"。

5. 学生进入教室后，老师指着规定的位置，告诉学生："等会儿，听着音乐进入教室，再找到这些位置站好。"

6.老师组织学生再次站在门口排好队等候。

7.老师播放音乐，学生进入教室找到自己的位置。老师立即给予口头表扬："××同学一下子就找到自己的位置。"

8.对于还没找到位置的学生，老师给予协助，说："你的位置在这里。"

9.每次活动都坚持训练课前规范。

活动环节二：引导学生注意听，并积极参与训练

1.老师要求：每次学习的内容都不一样，老师喜欢注意听讲的同学。

2.训练过程，老师注重培养学生注意听的品质。

活动环节三：活动结束前的规范

1.活动结束前，老师让学生听听下课，退出教室的音乐。

2.老师要求：听到这个音乐，就排队到门口等候。

3.老师播放音乐，学生听音乐退出教室，并排好队等候。

4.学生能做到，老师立即给予口头表扬："××同学，很棒！能听音乐退场。"

5.学生做不到，老师给予动作协助。

6.每次结束前都坚持进行规范训练。

[活动建议]

1.低重年级学生刚参与兴趣活动，各项规范都未建立，老师要制定好兴趣活动的各项规范。

2.对于活动规范仍未建立的学生，老师要利用兴趣活动加强规范训练。

3.由于低重年级学生的代币意识仍在建立之中，老师要采用零食或者代币相结合的奖励方式。

[活动评估]

学生姓名：	能否按目标做到。 说明：1. 能主动做到记"2"；2. 提示下能 做到记"1"；3. 不能做到记"0"
目　标	掌握情况
1. 在老师的指导下，学生能听懂老师的指令	
2. 在老师的指导下，学生能服从老师的安排	

第2课　在老师的指导下进行学习

[活动目标]

1. 在老师的指导下，没有言语能力的学生能用动作或手势与老师沟通。

2. 在老师的指导下，学生能参与学习。

[指导语]

1. 可以和老师说。

2. 动作或手势，或说话都可以。

3. 注意看，注意听。

4. ×× 同学学习时很认真。

[活动准备]

1. 场地：教室，功能教室。

2. 教具：兴趣活动所需的材料（略）。

3. 强化物：零食，代币。

［活动过程与步骤］

活动环节一：引导学生用不同的方式与老师沟通

1. 训练时，老师要了解参与学生的情况，如语言能力，动作能力，性格特点等。

2. 老师根据学生的不同特点，采用不同的引导，如边进行动作示范，边说："××同学，可以这样做。"

3. 学生根据老师的示范，进行模仿。

4. 老师根据学生的表现，立即进行口头表扬："跟老师做的是一样的。"

5. 如果学生做的，与老师的示范不一样，老师可以提问："你做的，和老师做的，一样吗？"待学生观察后，作出回应。

6. 老师可以引导不同语言表达能力的学生用不同的方式进行表达。

7. 老师继续问："为什么？"学生回答。

8. 如果学生回答准确，老师给予口头表扬。如果学生回答有道理，老师可以提出自己的看法，引导学生参与训练。

活动环节二：在老师的指导下，参与学习

1. 老师将学习内容分解成更为详细的程序。

2. 在每个小内容的学习中，老师先进行示范，再让学生跟着老师一起做，最后再让学生自行进行练习。

3. 老师组织学生进行表演，老师和同学欣赏，并给予鼓掌鼓励。

4. 活动结束，老师对学生进行奖励。

5. 以此，指导学生完成指定的学习内容。

6. 老师创设机会，让学生上台表演，鼓励学生。

［活动建议］

1. 低重年级学生刚参与兴趣活动，各项规范都未建立，老师要制定好兴趣活动的各项规范。

2. 对于活动规范仍未建立的学生，老师要利用兴趣活动的时间，加强活动规范的训练。

3. 由于低重年级学生的代币意识仍在建立之中，老师要根据学生的能力程度采用零食与代币相结合的方式进行奖励。

［活动评估］

学生姓名：	能否按目标做到。 说明：1. 能主动做到记"2"；2. 提示下能做到记"1"；3. 不能做到记"0"
目　　标	掌握情况
1. 在老师的指导下，没有言语能力的学生能用动作或手势与老师沟通	
2. 在老师的指导下，学生能参与学习	

中年级

［目标说明］

兴趣活动是我校80分钟课间的一项活动。学生刚接触兴趣活动训练时，会表现出不理解老师的指令，很难坚持完成老师的训练安排，训练时不能够与其他同学进行友好合作，展示前不能够保持安静候场，展示时状态不自然，展示后不懂得谢幕等。根据学生的年龄特点，兴趣活动分为低重、中、高三个年级阶段，每个阶段的训练侧重点不一样。

中年级学生的兴趣活动，主要是训练学生要忍耐兴趣训练的枯燥。通过多种激励方式，调动学生的学习积极性，逐渐让学生适应训练的枯燥，从而能够坚持完成训练任务。

第1课 听老师指令，服从安排

［活动目标］

1.在老师的提示下，学生能听懂老师的指令。

2.在老师的提示下，学生能服从老师的安排。

［指导语］

1.请在门口排好队。

2.听到音乐再进入教室。

3.注意听。

4.按老师的要求做。

5.听音乐退场。

［活动准备］

1.场地：教室，功能教室。

2.教具：兴趣活动所需的材料（略）。

3.强化物：零食，代币。

［活动过程与步骤］

活动环节一：建立基本的活动规范

1.兴趣活动前，学生在门口排好队。

2.老师播放进教室的音乐。

3.学生能听到音乐进入教室，老师立即口头表扬学生："××同学，你能听到音乐进教室，表扬！"

4.学生听到音乐，但不懂得进入教室，老师则提示："听到这个音乐，请进来。"

5. 学生进入教室后，老师告诉学生所对应的位置。

6. 老师播放退场的音乐，学生练习听音乐退场。

7. 如果有学生不懂得退场，老师给予提醒："听到这个音乐，请退场。"

8. 学生再次站在门口排好队等候。

9. 老师播放音乐，学生进入教室找到自己的位置。老师立即给予口头表扬："××同学一下子就找到自己的位置。"

10. 对于还没找到位置的学生，老师给予协助，说："你的位置在这里。"

11. 每次活动都坚持进行规范训练。

活动环节二：参与训练时，要注意听

1. 老师提出要求：每次学习的内容都不一样，同学们要注意听。

2. 训练过程，老师对注意听的学生给予及时的表扬，培养学生注意听的品质。

活动环节三：活动结束前的规范

1. 老师播放活动结束的音乐，学生听音乐退出教室，并排好队等候。

2. 学生能做到，老师立即给予口头表扬："××同学，很棒！能听音乐退场。"

3. 学生做不到，老师给予提醒："听到这个音乐，请退场。"

4. 每次活动都坚持进行训练。

[活动建议]

1. 由于中年级学生参与兴趣活动的各项规范还未形成习惯，老师要坚持训练。

2. 由于中年级学生有一定的代币意识，老师可以使用代币制。

[活动评估]

学生姓名：	能否按目标做到。 说明：1. 能主动做到记"2"；2. 提示下能 做到记"1"；3. 不能做到记"0"
目　标	掌握情况
1. 在老师的提示下，学生能听懂老师的指令	
2. 在老师的提示下，学生能服从老师的安排	

第2课　在训练的过程，能坚持完成训练

[活动目标]

1. 在老师的提示下，学生能参与学习。

2. 在老师的鼓励下，学生能坚持完成训练。

[指导语]

1. 看老师的示范。

2. 和老师一起做。

3. 自己试试。

4. ××同学学会了。

5. 要坚持哦!

[活动准备]

1. 场地：教室，功能教室。

2. 教具：兴趣活动所需的材料（略）。

3. 强化物：零食，代币。

［活动过程与步骤］

活动环节一：在老师的指导下，参与学习

1. 老师将学习内容分解成更详细的程序。

2. 每个小内容，老师都先进行示范，学生看。

3. 学生跟着老师一起学。

4. 学生自行进行练习，老师巡视，并给予指导。

5. 老师针对学生的练习给予食物奖励或鼓励。

活动环节二：老师鼓励学生坚持参与训练

1. 待每个学生都能完成老师指定的训练内容，老师组织学生进行集体练习。

2. 老师根据不同学生出现的问题，进行指导。

3. 训练过程，老师鼓励学生要坚持。

4. 待集体练习有成效时，老师对学生进行食物奖励。

5. 老师创设机会，让学生上台表演，加强学生的自信心。

［活动建议］

1. 由于中年级学生参与兴趣活动的各项规范仍未形成习惯，老师要坚持训练。

2. 中年级学生有一定的代币意识，老师可以使用代币进行奖励。

［活动评估］

学生姓名：	能否按目标做到。 说明：1. 能主动做到记"2"；2. 提示下能做到记"1"；3. 不能做到记"0"
目　标	掌握情况
1. 在老师的提示下，学生能参与学习	
2. 在老师的鼓励下，学生能坚持完成训练	

高年级

[目标说明]

兴趣活动是我校80分钟课间的一项活动。学生刚接触兴趣活动训练时，会表现出不理解老师的指令，很难坚持完成老师的训练安排。训练时不能够与其他同学进行友好合作，展示前不能够保持安静候场，展示时状态缺乏自然，展示后不懂得谢幕等。根据学生的年龄特点，兴趣活动分为低重、中、高三个年级阶段，每个阶段的训练侧重点不一样。

高年级学生的兴趣活动，侧重于学生自觉性的提高，同伴合作的磨合，以及展示的礼仪，如展示前，要保持安静等候；出场时，抬头挺胸，精神饱满；展示时，仪态自然；展示后，懂得谢幕等。所以高年级学生在兴趣训练时，老师就要给予展示方面的训练和指导等。

第1课 能自觉参与训练，并刻苦练习

[活动目标]

1. 训练时，学生能自觉参与。
2. 训练过程，学生能坚持认真学习。

[指导语]

1. 自己按要求做。
2. 能主动去做。
3. 练习是有难度的，要坚持。
4. ××同学很认真学习。

［活动准备］

1. 场地：功能教室。

2. 教具：兴趣活动所需的材料（略）。

3. 强化物：零食，代币。

［活动过程与步骤］

活动环节一：学生自觉完成练习

1. 老师规定每次课前要完成练习：练习上一节课的内容，5分钟。

2. 学生自行进行练习。

3. 老师巡视，观察学生是否自觉完成练习。

4. 学生自觉完成练习，老师立即给予口头表扬。

5. 学生不自觉，或是有练习的困难，老师给予指导。

活动环节二：学生认真参与练习

1. 老师将学习内容分解成更详细的程序。

2. 每个小内容的学习，学生都要先看老师的示范。

3. 老师让学生试着自己一小步、一小步地学。

4. 老师对学生的练习给予指导。

5. 待每个学生都能完成老师指定的训练内容，老师组织学生进行集体练习。

6. 老师根据不同学生出现的问题，进行指导。

7. 训练过程中，老师鼓励学生要坚持。

8. 待集体练习有成效时，老师创设机会，让学生上台表演，加强学生的自信心。

9. 老师肯定学生的练习很刻苦。

［活动建议］

1. 高年级学生已熟悉兴趣训练的各项规范，老师要培养学生的自觉性。

2. 随着练习，老师增加训练难度，提高学生学习的深度。

3. 高年级学生已建立代币意识，老师尽量采用代币奖励。

［活动评估］

学生姓名：	能否按目标做到。 说明：1. 能主动做到记"2"；2. 提示下能做到记"1"；3. 不能做到记"0"
目　　标	掌握情况
1. 训练时，学生能自觉参与	
2. 训练过程，学生能坚持认真学习	

第2课　同学间友好合作，互相提高

［活动目标］

1. 想和同学合作时，学生能发出邀请。

2. 能和同学有简单的合作。

［指导语］

1. ××同学，我想和你一起学，可以吗？

2. 合作时，要友好。

3. 帮助同学一起学。

［活动准备］

1. 场地：功能教室。

2. 教具：兴趣活动所需的材料（略）。

3. 强化物：零食，代币。

［活动过程与步骤］

活动环节一：学生邀请同学一起练习

1. 每次课前练习前，老师提示学生，说："可以邀请一名同学一起练习"。

2. 学生对想合作的同学发出邀请。

3. 邀请到同伴的学生自行进行练习。

4. 老师巡视，观察学生是否自觉完成练习。

5. 学生自觉完成练习，老师立即给予口头表扬。

6. 学生不自觉，或是有练习的困难，老师给予指导。

活动环节二：老师带领学生去开水房装水喝

1. 老师将学习内容分解成详细的程序。

2. 每个小内容的学习，老师都先进行示范。

3. 老师让学生试着自己一小步、一小步地学。

4. 老师对学生的练习给予指导。

5. 待每个学生都能完成老师指定的训练内容，老师允许学生邀请同学进行小组展示。

6. 老师根据不同小组的学生在练习时出现的问题，进行指导。

7. 待大部分学生的练习都比较准确时，老师邀请学生集体表演。

8. 表演后，老师肯定学生的合作很好。

［活动建议］

1. 高年级学生已熟悉兴趣训练的各项规范，老师要培养学生的自觉性。

2.随着练习，老师增加训练难度，提高学生学习的深度。

3.高年级学生已建立代币意识，老师尽量采用代币奖励。

[**活动评估**]

学生姓名：	能否按目标做到。 说明：1.能主动做到记"2"；2.提示下能 做到记"1"；3.不能做到记"0"
目　　标	掌握情况
1.想和同学合作时，学生能发出邀请	
2.能和同学有简单的合作	

第3课　展示前时间，能安静候场

[**活动目标**]

1.候场前，学生能站在指定的位置等候。

2.候场时，学生能保持安静。

[**指导语**]

1.请在这里排队。

2.要安静候场。

3.保持安静。

[**活动准备**]

1.场地：功能教室。

2.教具：兴趣活动所需的材料（略）。

3.强化物：零食，代币。

［活动过程与步骤］

活动环节一：学生能在指定的位置排队候场

1. 表演前，老师协助学生穿戴好演出的服饰。

2. 演出前，老师将学生带到舞台的左侧。

3. 学生按出场的顺序排好队。

4. 老师对自觉排好队候场的学生给予表扬。

活动环节二：候场时，要安静

1. 老师观察候场的学生是否懂得安静。

2. 如果学生懂得安静，老师立即给予口头表扬："懂得保持安静。说话了就不好了，因为观众会听到的。"

3. 如果学生说话了，音量较大，老师给予安静的示意。

4. 演出后，老师对候场时能保持安静的学生进行奖励。

［活动建议］

1. 高年级学生已熟悉兴趣训练的各项规范，老师要培养学生的自觉性。

2. 随着练习，老师增加训练难度，提高学生学习的深度。

3. 高年级学生已有代币意识，老师尽量采用代币奖励。

［活动评估］

学生姓名：	能否按目标做到。 说明：1. 能主动做到记"2"；2. 提示下能做到记"1"；3. 不能做到记"0"
目　　标	掌握情况
1. 候场前，学生能站在指定的位置等候	
2. 候场时，学生能保持安静	

第4课 展示时，能自然地表演

［活动目标］

1.展示前，学生能坚持在舞台上练习。

2.练习时，学生能做到坐有坐姿，站有站姿。

3.练习时，学生能保持自然微笑。

4.展示时，学生能自然地表演。

［指导语］

1.到舞台上练习。

2.安静候场。

3.有精神地出场。

4.站有站姿，坐有坐姿。

5.看老师的指挥。

6.微笑。

［活动准备］

1.场地：功能教室。

2.教具：演出所需的道具（略）。

3.强化物：零食，代币。

［活动过程与步骤］

活动环节一：学生练习候场、出场

1.老师要求学生在舞台的左侧排好队。

2.排队候场时，学生要保持安静。

3. 如果学生说话，老师要批评，再次强调候场要保持安静。

4. 听到音乐，学生出场。

5. 出场时，老师要求学生要有精神地走到自己的位置。

6. 老师观察，根据学生的练习情况进行小结。

7. 对表现符合要求的学生给予表扬，对未达到要求的学生提出要求。

活动环节二：学生进行站姿、坐姿训练

1. 学生在舞台上找到自己的位置后，按展示的方式就座或站着。

2. 老师根据学生的坐姿或站姿进行训练。

3. 如果学生能保持良好的坐姿或站姿，老师立即给予表扬"××同学，坐（站）的时候腰挺得很直，很有精神。"

活动环节三：练习时，学生要保持微笑

1. 练习时，老师引导学生要微笑。

2. 如果学生的状态比较自然，还能带有微笑，老师让该学生示范，其他学生观看。

3. 老师根据学生的练习情况，逐个请学生进行表演，以鼓励学生。

活动环节四：展示时，学生能自然表演

1. 展示前，老师告诉学生：按练习时表演就很棒了。

2. 学生进行展示。

3. 老师根据学生的展示给予奖励。

[活动建议]

1. 高年级学生熟悉兴趣训练的各项规范，老师要培养学生的自觉性。

2. 随着练习，老师增加训练难度，提高学生学习的深度。

3. 高年级学生已有代币意识，老师尽量采用代币奖励。

［活动评估］

学生姓名：	能否按目标做到。 说明：1. 能主动做到记"2"；2. 提示下能做到记"1"；3. 不能做到记"0"
目　标	掌握情况
1. 展示前，学生能坚持在舞台上重复练习	
2. 练习时，学生能做到坐有坐姿，站有站姿	
3. 练习时，学生能保持自然微笑	
4. 展示时，学生能自然地表演	

第 5 课　展示结束，主动谢幕

［活动目标］

1. 展示结束，学生能站立好。

2. 学生能主动弯腰谢幕。

3. 退场时，学生能主动和观众挥手再见。

4. 退场后，学生能在场外排队等候老师。

［指导语］

1. 展示结束，要站立起来。

2. 面对观众，弯腰谢幕。

3. 退场时，和观众挥手再见。

4. 退场后，在场外排队等候老师。

［活动准备］

1. 场地：功能教室。

2. 教具：展示所需的道具（略）。

3. 强化物：零食，代币。

［活动过程与步骤］

活动环节一：学生练习谢幕、退场

1. 练习时，老师训练学生在展示结束时，要站立起来。

2. 学生默数 3 下后，集体弯腰谢幕。

3. 谢幕后，挺直身体，退场。

4. 退场时，学生要有精神。

5. 学生退到场外后，排队等候老师。

6. 每次练习，老师都要求学生做到以上的要求。

活动环节二：展示结束，主动谢幕

1. 展示前，老师告诉学生："按练习时表演就很棒了。"

2. 学生进行展示。

3. 老师根据学生的展示，对谢幕和退场进行小结。

4. 老师对学生进行奖励。

［活动建议］

1. 高年级学生熟悉兴趣训练的各项规范，老师要培养学生的自觉性。

2. 随着练习，老师增加训练难度，提高学生学习的深度。

3. 高年级学生已有代币意识，老师尽量采用代币进行奖励。

［活动评估］

学生姓名：	能否按目标做到。 说明：1. 能主动做到记"2"；2. 提示下能做到记"1"；3. 不能做到记"0"
目　标	掌握情况
1. 展示结束，学生能站立好	
2. 学生能主动弯腰谢幕	
3. 退场时，学生能主动和观众挥手再见	
4. 退场后，学生能在场外排队等候老师	

第十一章　学生与邻里班级互动

低重年级

［目标说明］

学生与邻里班级互动是我校 80 分钟课间的一项活动。学生在上完一天的课程之后，有时喜欢去其他班级，但学生会表现出一些不和谐的言行。如站着发呆，随意动其他班级的物品，或者与其他班级的学生发生矛盾等。学生所表现出的现状表明，学生有与人交往互动的意愿，但是又不懂得如何正确地与人互动。根据学生的年龄特点，学生与邻里班级互动分为低重、中、高三个年级阶段。每个阶段的训练侧重点不一样。

低重年级学生与邻里班级的互动活动，主要是训练学生基本的与人交往的礼仪。如入室前懂得敲门，懂得与人打招呼，懂得应答，懂得说"谢谢"，懂得说"再见"。通过老师的引导与设计，增加学生与学生之间的交往频率与内容，从而达到训练学生的目的，也为中高年级学生之间的交往能力打下基础。

第 1 课　在老师的带领下，到其他班时懂得先敲门

［活动目标］

1. 在老师的带领下，学生愿意进入其他班级。

2. 进入其他班级前，学生在老师的语言提示下懂得敲门。

3. 得到其他班级老师的允许后，学生才进入。

［指导语］

1. 进门前，要先敲门。

2. 老师允许后才能进去。

［活动准备］

1. 场地：教室。

2. 教具：各种积木等玩具。

3. 强化物：零食，代币。

［活动过程与步骤］

活动环节一：老师带着学生去隔壁班找同学玩

1. 老师事前与隔壁班的老师做好沟通：这个时间段，老师会带学生去其他班级进行互动。

2. 老师设计好环境，如关好门、布置好室内的玩具。

3. 老师提出隔壁班有好多积木玩，引起学生想去隔壁班玩的兴趣。

4. 学生举手回应老师。

5. 能主动表达的学生，老师带领他去隔壁班。

6. 未能主动表达的学生，老师给予引导。

活动环节二：老师引导学生"进门之前要敲门才能进"

1. 老师带领学生来到隔壁班级。

2. 老师引导学生：进门之前，要先敲门。

3. 学生敲门，等待他班老师的回应。

4. 其他班级的老师允许后，学生进教室。

5. 老师安排该生和其他班级学生一起玩。

6. 老师回到班级，继续激发其他学生参与隔壁班活动的兴趣，老师——引导学生在进入其他班级前要敲门。

活动环节三：老师引导学生与其他班级学生一起玩积木

1. 剩余的学生在老师的引导下，在进门前敲门。

2. 得到允许后，才进门。

3. 老师引导学生与隔壁班学生一起玩积木。

［活动建议］

1. 低重年级学生，在与邻里班级建立互动过程中，老师要引导提示。

2. 通过练习，让学生学习与人互动时的规范: 如敲门进入、问好、道别、物归原位等。

3. 低重年级学生与邻里班级交往时，老师要给予及时的奖励，保持或提高学生的交往兴趣。

［活动评估］

学生姓名：	能否按目标做到。 说明：1. 能主动做到记"2"；2. 提示下能做到记"1"；3. 不能做到记"0"
目　标	掌握情况
1. 在老师的带领下，学生进入其他班级之前，懂得敲门	
2. 在老师的提示下，学生懂得要得到允许才能进入	

第2课　在老师的带领下，懂得主动与人打招呼

[活动目标]

进入其他班级后，学生在老师的语言提示下懂得与其他班级老师、同学打招呼。

[指导语]

1. 老师好。

2. ×× 同学好。

3. 你好，大家好。

[活动准备]

1. 场地：教室。

2. 教具：各种积木等玩具。

3. 强化物：零食，代币。

[活动过程与步骤]

活动环节一：向邻居班级的老师、同学问好

1. 老师提出到隔壁班玩的建议，激发学生串门的兴趣。

2. 老师组织学生排队前往。

3. 到隔壁班级门口时，老师引导学生要先敲门。

4. 得到允许后，学生进入班级。

5. 对于能主动与老师和同学问好的学生，老师立即给予表扬。

6. 对于不懂得问好的学生，老师进行语言提示，让学生模仿打招呼。

活动环节二：自我介绍

1. 本班学生在隔壁班就座后，老师提示："我班学生先进行自我介绍。"

2. 老师上台示范简单的自我介绍："同学们好，我叫××，我是××班级的学生，我喜欢和你们一起玩。"

3. 老师鼓励本班学生上台自我介绍。

4. 能上台向同学问好并做简单的自我介绍的学生，老师立即给予表扬。

5. 不能大胆进行介绍的学生，老师带着他进行介绍。

活动环节三：我们一起玩积木

1. 与其他班级的学生先熟悉。

2. 老师引导两班学生一起玩积木或其他东西。

［活动建议］

1. 在低重年级学生与邻里班级建立互动的过程中，老师要注重引导提示。

2. 通过练习，让学生建立与人互动时的规范：如敲门进入、问好、道别、物归原位等。

3. 低重年级的学生能与邻里交往，老师要给予及时的奖励，保持或提高学生的交往兴趣。

［活动评估］

学生姓名：	能否按目标做到。 说明：1. 能主动做到记"2"；2. 提示下能做到记"1"；3. 不能做到记"0"
目　标	掌握情况
1. 见到他人，学生能笑眯眯	
2. 见到他人，学生能打招呼	

第 3 课　当其他班老师或同学与其互动时，能有相应的言行

[活动目标]

1. 当其他班级学生给予玩具的时候，学生能说："谢谢。"

2. 当其他班级学生邀请本班学生一起玩的时候，学生能说："好的。"并一起玩。

3. 当其他班级学生要收回自己的玩具时，学生能顺从地将手上的玩具交还。

4. 能手拉手地和其他班级学生合影。

[指导语]

1. 谢谢你。

2. ×× 同学，我喜欢和你玩。

3. 和好朋友手拉手照相。

4. 谢谢你的 ××。

[活动准备]

1. 场地：教室。

2. 教具：各种积木等玩具。

3. 强化物：零食，代币。

[活动过程与步骤]

活动环节一：找一找，谁是我的好朋友

1. 老师带本班学生去其他班级。

2. 两个班级互相对着坐成两排。

3. 老师说出游戏规则：找到一位新朋友，与新朋友握手，再送上一颗糖。

4. 老师示范如何找朋友。

5. 学生练习，老师在旁作出引导：笑眯眯，说你好，跟好朋友握手，说谢谢。

6. 待每个同学都找到一位好朋友，老师逐个引导学生之间的互动礼仪。

7. 老师给找到朋友的同学拍照。

活动环节二：一起玩积木

1. 拍完照的两个好朋友，得到老师给予的一份积木。

2. 从老师那里拿走积木的时候，学生表达："谢谢！"

3. 学生玩积木时，老师指导学生之间要讲究互动礼仪。

[活动建议]

1. 在低重年级学生与邻里班级建立互动的过程中，老师要注重引导提示。

2. 通过练习，让学生建立与人互动时的规范：如敲门进入、问好、道别、物归原位等。

3. 低重年级学生与邻里班级交往，老师要给予及时的奖励，以便让学生的交往兴趣保持。

[活动评估]

学生姓名：	能否按目标做到。 说明：1. 能主动做到记"2"；2. 提示下能做到记"1"；3. 不能做到记"0"
目　标	掌握情况
1. 学生听到别人叫自己名字的时候能应答或笑眯眯看着别人	
2. 学生接受别人的礼物时懂得说"谢谢"	
3. 学生在与他人一起玩玩具时能融洽相处	

第4课　接受其他班老师或同学的礼物时，懂得说："谢谢。"

[活动目标]

当其他班级同学或老师给自己送礼物的时候，学生懂得说："谢谢！"

[指导语]

1. 谢谢老师。

2. 谢谢同学。

[活动准备]

1. 场地：教室。

2. 教具：各种积木等玩具。

3. 强化物：零食，代币。

[活动过程与步骤]

活动环节一：去老师处领取卡纸，说："谢谢老师！"

1. 老师带学生到隔壁班级。

2. 两个班级的学生按分配的座位就座。

3. 老师提出制作贺卡的活动：两个班级的同学相互领取卡纸。

4. 两个班级的老师各自指导一名学生到对方那里领取卡纸。

5. 其他学生认真看着：学生拿到老师递给的卡纸时，对老师说："谢谢。"

6. 学生逐一到隔壁班的老师处领取卡纸。

7. 领到卡纸的学生开始创作。

活动环节二：去同学处领取彩笔，说："谢谢同学！"

1. 老师提出要求："到隔壁班 ×× 同学处领取彩笔。"

2. 当学生领到彩笔时，要懂得向 ×× 同学说："谢谢。"

3. 学生使用彩笔进行涂色。

4. 使用完彩笔后，学生将彩笔还回去。

5. 在老师的引导下，学生懂得表达："谢谢。"

［活动建议］

1. 在低重年级学生与邻里班级建立互动的过程中，老师要注重引导提示。

2. 通过练习，让学生建立与人互动时的规范：如敲门进入、问好、道别、物归原位等。

3. 低重年级学生与邻里交往时，老师要给予及时的奖励，保持或提高学生的交往兴趣。

［活动评估］

学生姓名：	能否按目标做到。 说明：1. 能主动做到记"2"；2. 提示下能做到记"1"；3. 不能做到记"0"
目　　标	掌握情况
1. 当其他班老师给东西时，学生能表达"谢谢老师"	
2. 当其他班同学给东西时，学生能表达"谢谢同学"	

中年级

［目标说明］

学生与邻里班级互动是我校 80 分钟课间的一项活动。学生在上完一天的课程之后，有时喜欢去其他班级串门，但学生会表现出一些不和谐的言行。如站着发呆，随意动其他班级的物品，或者与其他班级学生发生矛盾等。学生所表现出的现状表明，学生有与人交往互动的意愿，但是又不懂得如何正确地与人互动。根据学生的年龄特点，学生与邻里班级互动分为低重、中、高三个年级阶段。每个阶段的训练侧重点不一样。

　　中年级学生与邻里班级的互动活动，主要是训练学生与人交往的常规礼仪。如主动与人打招呼，能与同伴友好相处，能做到不随便动别人的物品，能征求别人的同意后才用别人的物品，离开时懂得与同伴道别等。

第1课　去其他班级时，能主动与其他班级的师生打招呼

［活动目标］

1. 去其他班时，学生能主动与老师和同学打招呼。
2. 学生能与其他班同学一起玩。

［指导语］

1. 老师好。
2. 同学你好。

［活动准备］

1. 场地：教室。
2. 教具：各种积木等玩具。
3. 强化物：零食，代币。

[活动过程与步骤]

活动环节一：去其他班时，学生会向老师和同学问好

1. 老师在班级说出活动规则：大家可以去其他班级玩，但是，进入班级后，要先向老师和同学打招呼。

2. 老师鼓励学生自己去其他班级找同学玩。

3. 老师观察学生去到各个班级的表现。

4. 老师向其他班老师了解学生是否有问好。

5. 老师记录好学生的表现。

活动环节二：奖励能问好的学生

根据记录的结果，老师给予学生相应的奖励。

[活动建议]

1. 中年级学生懂得一些基本礼仪，如问好，但他们的主动性可能不够，老师要着重训练学生的主动性。

2. 通过代币奖励或零食奖励或活动奖励等形式，激励学生敢于去其他班级交往，敢于在交往过程中大胆表达。

[活动评估]

学生姓名：	能否按目标做到。 说明：1. 能主动做到记"2"；2. 提示下能做到记"1"；3. 不能做到记"0"
目　标	掌握情况
1. 学生进入其他班级后，能主动向老师说："老师好。"	
2. 学生进入其他班级后，能主动向同学说："同学好。"	

第2课 去其他班级，能自己找玩伴，并友好相处

［活动目标］

去他班时，学生能找到好朋友，并友好相处。

［指导语］

1. ×× 同学，你的好朋友是谁？

2. 找一找。

［活动准备］

1. 场地：教室。

2. 教具：各种积木等玩具。

3. 强化物：零食，代币。

［活动过程与步骤］

活动环节一：看谁最先找到自己的好朋友

1. 老师在班级提出可以去其他班级玩的建议。

2. 老师鼓励学生自己去其他班级找同学玩。

3. 老师观察学生去到各个班级后的情况，并做好记录。

活动环节二：奖励能与其他班级同学友好相处的学生

1. 学生回到班级。

2. 根据记录的结果，老师给予相应的奖励。

［活动建议］

1. 中年级学生懂得基本的交往礼仪，但他们的主动性可能不够，老师

要着重训练学生的主动性。

2.通过代币奖励或零食奖励或活动奖励等形式,激励学生敢于去其他班级交往,敢于在交往过程中大胆表达。

［活动评估］

学生姓名:	能否按目标做到。 说明:1.能主动做到记"2";2.提示下能做到记"1";3.不能做到记"0"
目 标	掌握情况
1.学生进入其他班级后,能找到同学一起玩	
2.学生与其他班级学生一起玩的时候能友好相处	

第3课 当其他班级师生请吃食物时,
能表现出得体的礼仪

［活动目标］

1.当其他班级学生请吃食物时,学生能说谢谢。

2.吃东西时,学生能做到不贪心,没有分给自己的食物不要随便去拿。

3.当学生非常想吃某种食物的时候,懂得向老师表达自己的需求。

［指导语］

1.谢谢你的食物。

2.谢谢,我吃好了,不要了。

［活动准备］

1. 场地：教室。

2. 教具：两个班级合在一起，开大食会。

3. 强化物：零食，代币。

［活动过程与步骤］

活动环节一：布置大食会会场

1. 老师带领学生去隔壁班。

2. 学生懂得打招呼，老师给予表扬。

3. 老师分配大食会的任务。

4. 学生完成各自的布置任务：拼好桌子、椅子；清洗水果；摆放托盘；邀请同学。

活动环节二：互相请吃食物

1. 大食会开始，老师引导学生互相分享食物。

2. 老师进行示范：送食物的要双手拿着食物，眼睛看着对方，请对方吃；接受食物的学生，要眼睛看着对方，并说谢谢，双手接过食物。

3. 学生自由分享食物的时候，必要时，老师给予引导。

4. 老师观察学生自主的表现，对于那些特别拘谨，从不主动去拿食物的学生，老师鼓励他们自己动手。

5. 对于那些过于活跃，见到食物就控制不住的学生，老师要适时地进行提醒该如何去做。

［活动建议］

1. 中年级学生懂得打招呼的基本礼仪，但他们的主动性可能不够，老师要着重训练学生的主动性。

2.通过代币奖励或零食奖励或活动奖励等形式，激励学生敢于去其他班级交往，敢于在交往过程中大胆表达。

[活动评估]

学生姓名：	能否按目标做到。 说明：1. 能主动做到记"2"；2. 提示下能做到记"1"；3. 不能做到记"0"
目　标	掌握情况
1. 当其他班级学生请吃食物时，学生能说谢谢	
2. 当吃的时候，学生能做到不贪心，没有分给自己的食物不要随便去拿	
3. 当学生非常想吃某种食物的时候，懂得向老师表达自己的需求	

第4课　未经同意，不乱翻其他班级的东西

[活动目标]

1. 在其他班级玩耍时，学生懂得不随意翻找东西。

2. 需要找其他班的东西时，学生懂得征求其他班级老师的同意。

[指导语]

1. 不能随便打开柜子。

2. 老师同意后，才能打开柜子。

[活动准备]

1. 场地：教室。

2. 教具：各种积木玩具。

3. 强化物：零食，代币。

［活动过程与步骤］

活动环节一：鼓励学生去其他班级找同学玩

1. 老师鼓励本班学生去其他班级找同学玩。

2. 老师告知规矩：敲门进去、向老师和同学问好、不可以随便打开其他班级的柜子、要问过老师才能拿东西。

3. 学生主动去其他班级找同学玩。

活动环节二：老师观察学生在其他班级的言行

1. 学生到其他班级后，老师跟随其后。

2. 老师观察学生的言行，适时给予提示。

［活动建议］

1. 中年级学生懂得打招呼等基本礼仪，但他们的主动性可能不够，老师要着重训练学生的主动性。

2. 通过代币奖励或零食奖励或活动奖励等形式，激励学生敢于去其他班级交往，敢于在交往过程中大胆表达。

［活动评估］

学生姓名：	能否按目标做到。 说明：1. 能主动做到记"2"；2. 提示下能做到记"1"；3. 不能做到记"0"
目　标	掌握情况
1. 在其他班玩耍时，学生懂得不随意翻找东西	
2. 懂得征求其他班老师的同意后，才拿取东西	

第5课　离开其他班级时，主动将物品归位，并道别

［活动目标］

1. 离开其他班时，学生能将所玩的玩具物归原处。

2. 离开其他班时，能对老师和同学说："再见。"

［指导语］

1. 收玩具。

2. 把玩具放回原位。

3. 老师，再见；同学，再见。

［活动准备］

1. 场地：教室。

2. 教具：各种积木等玩具。

3. 强化物：零食，代币。

［活动过程与步骤］

活动环节一：鼓励学生去其他班级找同学玩

1. 老师鼓励本班学生去其他班级找同学玩。

2. 老师告知规矩：敲门进去、向老师和同学问好、不可以随便打开其他班级的柜子、征得老师的同意后才能拿取东西。

3. 学生主动去其他班级找同学玩。

活动环节二：观察记录学生的言行

1. 学生去到其他班级后，老师跟随其后。

2. 老师观察学生在其他班级的言行。

3. 老师创设机会，让正在某个班级玩耍的学生回教室。

4. 老师观察学生的行为，对于懂得将正在玩耍的玩具收拾好，老师立即表扬。

5. 对离开教室的时候懂得与老师和同学说再见的学生，老师立即表扬。

6. 如未能做到以上两步，老师给予引导。

［活动建议］

1. 中年级学生懂得去其他班级时的一些礼仪，但他们的主动性可能不够，老师要着重训练学生的主动性。

2. 通过代币奖励或零食奖励或活动奖励等形式，激励学生敢于去其他班级交往，敢于在交往过程中大胆表达。

［活动评估］

学生姓名：	能否按目标做到。 说明：1. 能主动做到记"2"；2. 提示下能做到记"1"；3. 不能做到记"0"
目　标	掌握情况
1. 离开其他班时，学生能将所玩的玩具物归原处	
2. 离开其他班时，学生能对老师和同学说："再见"	

高年级

［目标说明］

学生与邻里班级互动是我校 80 分钟课间的一项活动。学生在上完一天的课程之后，有时喜欢去其他班级，但学生会表现出一些不和谐的言行。如站着发呆，如随意动其他班级的物品，或者与其他班级学生发生矛盾等。

学生所表现出的现状表明，学生有与人交往互动的意愿，但是又不懂得如何正确地与人互动。根据学生的年龄特点，学生与邻里班级互动分为低重、中、高三个年级阶段。每个阶段的训练侧重点不一样。

高年级学生与邻里班级的互动活动，侧重于学生之间深度交往的礼仪，如礼貌、合作、分享。高年级学生的交友意识更强烈，但不懂得交往的礼仪，他们之间会更容易起冲突。所以在高年级学生交往过程中，老师侧重给予策略上的指导，如教学生如何合作，如何分享，如何与不熟悉的人交往等。

第1课　与其他班级同学之间友好、有礼貌地交往

［活动目标］

1. 学生能邀请其他班级同学来班里玩。

2. 学生与其他班同学能一起做有意义的活动，学生之间不起矛盾。

［指导语］

×× 同学，对朋友很友好。

［活动准备］

1. 场地：教室。

2. 教具：各种积木等玩具。

3. 强化物：零食，代币。

［活动过程与步骤］

活动环节一：邀请好朋友来自己班玩

1. 老师鼓励学生去其他班找自己的好朋友，并邀请好朋友来自己班，

一起从事某个活动。

2.老师可以提前与学生沟通进行哪些活动,如拼图比赛、合作完成贺卡、一起看电视、一起进行教室清洁等。

3.学生到其他班邀请同学。

4.对于能邀请到其他班同学的学生,老师给予奖励。

5.对于不懂得邀请同学或不会邀请同学的学生,老师要指导他们采用正确的方法。

活动环节二:引导学生之间友好玩耍

1.老师对好朋友之间从事的某个活动进行表扬与鼓励,激励他们继续保持友好合作的状态。

2.对于学生之间的一些小摩擦,老师给予指导。

[活动建议]

高年级学生逐渐具备与人交往的能力,老师主要训练学生与学生之间的友好合作、互相帮助。

[活动评估]

学生姓名:	能否按目标做到。 说明:1.能主动做到记"2";2.提示下能做到记"1";3.不能做到记"0"
目　标	掌握情况
1.学生能邀请他其班同学来班里一起玩	
2.学生与其他班同学能一起做有意义的活动	

第2课　能与其他班同学合作

[活动目标]

1. 学生能主动找到合作的伙伴。

2. 学生能进行二人三足的游戏。

3. 学生能进行二人搬重物的游戏。

[指导语]

×× 同学，对朋友很友好。

[活动准备]

1. 场地：操场，动员其他班级一起去操场组织活动。

2. 教具：二人三足的教具、二人搬重物的教具。

3. 强化物：零食，代币。

[活动过程与步骤]

活动环节一：与其他班级同学进行二人三足的比赛

1. 老师鼓励学生去其他班级找一个朋友，玩合作的游戏。

2. 学生去寻找朋友。

3. 老师将已经找到朋友的学生进行分组排成两队，两人一队，每次派两队进行比赛。

4. 比赛的奖励规则为：两人的步伐整齐，不摔跤就可以得到奖励，如果能获得第一名，还可以再得一次奖励。

5. 学生轮流玩此游戏。

活动环节二：与其他班级的学生进行二人搬重物的比赛

1. 老师鼓励学生重新找另一个朋友，两人一起玩二人搬重物的游戏。

2. 老师将已经找到朋友的学生分组排成两队，每次派两队进行比赛搬重物。

3. 老师示范比赛规则：铅球放在框里，两人分别抬着筐往前跑，期间能做到不摔跤，两人能配合好的同学可以得到奖励，得到第一名的同学可以再次得到奖励。

4. 学生轮流进行搬重物比赛。

［活动建议］

高年级学生逐渐具备与人交往的能力，老师主要训练学生与学生之间的友好合作、互相帮助。

［活动评估］

学生姓名：	能否按目标做到。 说明：1. 能主动做到记"2"；2. 提示下能做到记"1"；3. 不能做到记"0"
目　标	掌握情况
1. 学生能主动找到合作的伙伴	
2. 学生能进行二人三足的游戏	
3. 学生能进行二人搬重物的游戏	

第3课　能与其他班级同学之间分享物品

［活动目标］

1. 学生能与同伴分享自己的零食。

2.学生能与同伴分享自己的玩具。

［指导语］

×× 同学，对朋友很友好。

［活动准备］

1.场地：教室。

2.教具：学生自己带的水果、零食，玩具。（学生周一回校带回来以上物品，为了安全起见，老师进行保管，在课外活动时间再分发给学生个人）

3.强化物：零食，代币。

［活动过程与步骤］

活动环节一：零食分享

1.老师将学生所带的零食分发给学生个人。

2.老师鼓励学生与要好的同学一起分享零食。

3.学生自己去找同学一起分享。

4.老师注意观察，鼓励学生得当的言行。

5.对于不愿意分享或不懂得如何分享的学生，老师给予指导。

活动环节二：玩具分享

1.老师将学生所带的玩具分发给学生个人。

2.老师鼓励学生与好朋友分享玩具。

3.学生自己去找同伴一起玩玩具。

4.老师注意观察，表扬学生分享的行为。

［活动建议］

高年级学生逐渐具备与人交往的能力，老师主要训练学生与学生之间的友好合作、互相帮助。

［活动评估］

学生姓名：	能否按目标做到。 说明：1.能主动做到记"2"；2.提示下能做到记"1"；3.不能做到记"0"
目　标	掌握情况
1.学生能与同伴分享自己的零食	
2.学生能与同伴分享自己玩具